制造业质量提升与创新发展

王文跃　编著

中国商务出版社

·北京·

图书在版编目（CIP）数据

制造业质量提升与创新发展 / 王文跃编著. -- 北京：
中国商务出版社，2025.3. -- ISBN 978-7-5103-5588-2

Ⅰ. F426.48

中国国家版本馆 CIP 数据核字第 2025X224P4 号

制造业质量提升与创新发展

ZHIZAOYE ZHILIANG TISHENG YU CHUANGXIN FAZHAN

王文跃　编著

出版发行：中国商务出版社有限公司

地　　址：北京市东城区安定门外大街东后巷 28 号　　　　邮　　编：100710

网　　址：http://www.cctpress.com

联系电话：010—64515150（发行部）　　010—64212247（总编室）
　　　　　010—64266119（事业部）　　010—64248236（印制部）

责任编辑：周水琴

排　　版：北京天逸合文化有限公司

印　　刷：北京九州迅驰传媒文化有限公司

开　　本：710 毫米×1000 毫米　1/16

印　　张：11.5　　　　　　　　　字　　数：182 千字

版　　次：2025 年 3 月第 1 版　　　印　　次：2025 年 3 月第 1 次印刷

书　　号：ISBN 978-7-5103-5588-2

定　　价：78.00 元

序 言 PREFACE ▶ ▶ ▶

制造业是实体经济的基础，是国家经济命脉所系，也是建设现代化产业体系的重要领域。我国是世界制造业第一大国，2023年制造业增加值占全球比重约30%，连续14年居全球首位。2023年，中央经济工作会议指出，实施制造业重点产业链高质量发展行动，加强质量支撑和标准引领，提升产业链供应链韧性和安全水平。2024年，工业和信息化部召开第六次制造业企业座谈会。会议强调，实施制造业重点产业链高质量发展行动是中央经济工作会议确定的一项重要任务，要把思想和行动统一到党中央决策部署上来，以时不我待的紧迫感、只争朝夕的责任感，推动各项任务不断取得新突破新成效。

鉴于此，编者针对制造业产品质量和创新发展做了系统分析，将本书分为五章。其中，第一章系统性梳理了全球主要国家的制造业发展战略，以期对我国有所借鉴；第二章详细分析了制造业生存与发展的根基，以期引起业界对产品质量足够的重视；第三章总结了我国质量大数据的应用实践和实施路径，以期倡议制造业企业适应数字经济发展；第四章论述了制造业创新发展的基础，以期为我国中试建设提供参考；第五章分析了制造业未来产业转型升级路径，并提出了相关的建议，以期支撑政府和产业界决策。

本书编者王文跃，中国信息通信研究院主任工程师、高级工程师，长期从事信息与通信技术（ICT）产业和标准的研发，以及 ICT 领域咨询、信息化工程建设方案设计与评估等工作。近五年，累计牵头或主要参与完成《制造业质量大数据研究》《通信建设市场管理体系建设研究》《电信设备企业合规管理与评价研究》等多项省部级项目，参与20余项省部级、市级政务信息化建设项目科研、实施方案等评审工作，主编《数字政府建设发展与评估》，参编《ICT 典型技术、产业与行业监管》《中国信息通信业发展指导》《5G+智慧城市》《CIM 应用与发展》《ICT 深度观察》等多部书籍。

王文跃

2025 年 1 月

目　录 CONTENTS ▶ ▶ ▶

第一章

全球主要国家制造业
战略规划

第一节　美国：《美国制造业战略计划 2024》

美国的制造业曾经全球规模最大和地位最强，但进入 20 世纪 80 年代后，美国的制造业逐渐衰落，并呈现出产业空心化的发展状态。自国际金融危机后，美国开启了再工业化和制造业复兴的历程，而 2019 年底全球新冠疫情发生后，进一步加剧了这一势头。近年来，美国吸引了超过 5 000 亿美元的私人投资进入美国制造业和未来产业中。根据预测，到 2025 年美国制造业大约有 84% 曾经离岸外包的美国企业会部分或全部回岸其制造业务。目前，美国的制造业正在缓慢攀升。

2024 年 11 月，美国正式发布了《美国制造业战略计划 2024》（*Manufacturing USA 2024 Strategic Plan*），并指出，2024 年，美国制造业迎来了历史性的投资浪潮。过去几年，私人投资超过 5 000 亿美元，工厂建设支出也显著增长。为了应对制造业的变化和挑战，美国政府提出了这份战略规划，系统性地指导制造业的未来发展方向。该计划描述了美国未来制造业的发展愿景、使命、目标和宗旨，概述了技术投资战略、如何协调联邦机构的投资以及如何评估该计划。

一、发展愿景和使命

《美国制造业战略计划 2024》指出，在全球制造业竞争日益激烈的背景下，美国的制造业面临供应链脆弱、劳动力技能差距和技术革新压力等多重挑战。为应对这些挑战，《美国制造业战略计划 2024》提出了制造业发展愿景和使命，旨在巩固美国在全球制造业中的领导地位。同时，通过开发和转移先进制造技术，美国计划将创新技术转变为可扩展的、高效的国内制造能力，助力国内产业的现代化升级。

在愿景方面，《美国制造业战略计划 2024》提出要通过创新技术的开发和转移，建立可扩展的、具有成本效益的高性能国内制造能力，从而在全球制造业中保持美国的领导地位。

在使命方面，《美国制造业战略计划 2024》指出要连接人才、创意和技术，解决行业相关的先进制造挑战，提升工业竞争力。

其中，《美国制造业战略计划 2024》的愿景体现了对"技术领先"的追求，而其核心使命则强调了连接人才、创意和技术的必要性。通过集聚行业、学术界和政府资源，建立强大的合作网络，推动从研发到商业化的全链条创新。《美国制造业战略计划 2024》明确提出，制造业不仅是美国经济增长的引擎，更是国家安全和环境可持续性的重要支柱。为实现这一使命，美国将通过大规模的技术创新投资、建设先进制造研究所网络和推动劳动力培训，确保国内制造体系的韧性和弹性。

二、战略目标和关键目标

为确保美国在全球制造业中的长期竞争力和领导地位，《美国制造业战略计划 2024》提出了四大核心战略目标。计划提出的目标不仅涵盖了技术开发、产业生态系统的构建，还涉及劳动力的技能提升和可持续的网络运营模式，且每个目标都明确了具体的关键实施措施，确保战略的可操作性和可衡量性。

（一）目标 1：增强美国制造业的竞争力

在全球制造业竞争加剧的背景下，美国希望通过提升生产效率和制造成本竞争力，稳固其全球制造中心的地位。

增强美国制造业竞争力目标的核心任务是通过技术创新和行业协作，激发制造业的增长潜力，促进企业转型升级，特别是为中小型制造企业

（SMMs）提供发展支持。

关键目标包括四个方面：（1）促进可降低成本和提高生产率的技术开发，主要是鼓励研发具有突破性和前沿性的制造技术，减少生产成本，提高生产效率。（2）促进多样化的先进制造生态系统的发展，主要是推动建立一个更加包容、开放和多样化的制造生态系统，确保各类企业（尤其是小型企业）能够在生态系统中发挥作用。（3）建立应用研究和创新的技术投资组合，主要是加强对关键技术领域的研发投资，包括复合材料、智能制造、先进电子和机器人技术。（4）为国家先进制造优先事项提供领导和支持，主要是在国家关键制造领域（如半导体和可持续能源）中发挥领导作用，为全行业的协作提供指导和支持。

为了实现增强美国制造业竞争力的目标，计划提出了相关的关键实施措施：一是通过政府政策激励和资源配置，支持前沿制造技术的商业化，鼓励新兴技术向可扩展的制造能力快速过渡。二是推动复合材料、电子、机器人和先进制造设备的研发项目，降低生产成本，提升生产灵活性和韧性。三是提供资金激励、税收优惠和资源支持，鼓励企业和研究所之间的协作与知识共享，确保技术转移的顺利进行。

（二）目标2：创建并促进创新技术向可扩展的、高效的制造能力过渡

创新技术的成功不仅依赖于实验室的研发，还需要通过可扩展的制造能力进行大规模生产。

创建并促进创新技术向可扩展的、高效的制造能力过渡的目标核心任务是确保新技术能够迅速从实验室阶段过渡到生产线，并通过产业化应用来释放其市场价值。

关键目标包括三个方面：（1）美国制造商提供先进的制造技术、材料和设备，主要是提供最前沿的制造技术和设备，使企业能够快速采用和部署新技术。（2）促进技术知识共享和最佳实践的传播，主要是在制造业企业和研究所之间建立知识共享平台，传播技术和操作的最佳实践。（3）鼓

励跨研究所的协作，以加速制造技术的开发和采用，主要是通过跨区域的研究所协作，推动不同制造领域的技术融合和产业化。

为了实现创建并促进创新技术向可扩展的、高效的制造能力过渡的目标，规划提出了相关的关键实施措施：一是通过制造成熟度水平（MRLs）和技术成熟度水平（TRLs）的监测，确保技术在从研发到商业化的每个阶段都能顺利过渡。二是推进示范设施的建立，使中小型制造企业有机会获得关键的生产工具和流程。三是通过制造业 USA 网络中的各研究所合作，形成强大的跨学科技术支持网络，促进多元化的技术创新。

（三）目标 3：加速先进制造业劳动力的开发

新技术的采用和大规模生产的实现，离不开先进技能的劳动力。加速先进制造业劳动力开发的核心任务是通过教育和培训项目，提升劳动力的技能水平，缩小制造业技能差距，并为经济欠发达地区提供更多的就业机会。

加速先进制造业劳动力开发的关键目标有：（1）支持高级制造业的证书和认证的开发与集成，主要是为工人提供特定技术和工艺的行业认证和职业资格证书，满足制造企业的用工需求。（2）扩展基于工作学习的教育模式，主要是通过学徒制、职业教育和远程学习等创新的教育与培训模式，帮助工人获得高薪工作技能。（3）促进制造业职业的吸引力，主要是针对女性、少数族裔、退伍军人等代表性不足的群体开展有针对性的职业指导和技能培训项目。

为了实现加速先进制造业劳动力开发的目标，计划提出了关键实施措施：一是在黑人大学、部落学院和农村地区的社区学院中建立劳动力发展计划，为这些社区的居民提供优质的教育和培训资源。二是推出基于工作学习的教育模式，包括学徒计划、合作教育和职业培训项目，培养高级技术工人。三是通过与行业企业合作，创建多样化的劳动力计划，帮助工人在先进制造技术领域实现职业转型。

（四）目标 4：促进网络研究所的合作，以实现长期的可持续发展

为了确保美国制造业的长期稳定发展，促进网络研究所的合作，以实现长期的可持续发展的目标核心任务是通过加强制造业 USA 网络中各研究所的协作，建立可持续的运营模式，并确保各研究所的财务独立性，减少对联邦资金的依赖。

关键目标主要包括：（1）鼓励共享风险和投资的会员结构，主要是通过新的会员模式，促进制造业研究所与行业、企业的深度合作，实现共享投资、共享风险的模式。（2）支持研究所的可持续发展模式，主要是帮助研究所建立稳定的收入来源，减少对政府拨款的依赖。（3）支持跨网络合作，分享最佳实践、基础设施和活动，主要是鼓励制造业 USA 网络中的研究所之间的协作和信息共享，推动各机构之间的资源共享和活动协作。

关键实施措施包括：一是成立制造业 USA 研究所理事会，为跨研究所合作提供沟通平台，确保各研究所的行动目标一致，避免资源浪费和重复劳动。二是推动研究所的财务独立性，鼓励其通过对外提供咨询、技术服务和专利许可来获得收入。三是通过资助合作项目、跨研究所活动和联合技术开发，促进网络中所有成员之间的深度合作。

美国提出的这四个制造业计划目标是支持制造业创新稳健战略相互关联的要素，通过减少将早期研究过渡到商业开发所需的时间，并最终在美国制造业环境中部署。这些目标指导机构合作伙伴和机构网络提高美国国内制造能力，同时利用其他联邦和私营部门在基础研究方面的投资带来的经济和国家安全利益。

三、制造业 USA 网络

制造业 USA 网络（Manufacturing USA Network）是一个由 17 个研究所和多个联邦机构［包括国防部（DoD）、能源部（DOE）和商务部（DOC）］组成的全国性合作网络。该网络的核心目标是通过公私合作伙伴关系，推动美国制造业的创新和能力建设，促进新兴技术的开发和大规模商业化应用，从而巩固美国在全球制造业中的领导地位。

（一）在研究所的角色方面

制造业 USA 网络中的每个研究所都专注于某一特定的技术领域，涵盖了从增材制造（3D 打印）、生物制药制造到复合材料制造、轻质材料制造、柔性电子和智能制造等前沿领域。每个研究所的运作都与其技术领域的独特需求密切相关，目标是通过技术开发、劳动力培训和供应链支持，满足产业对特定技术的需求。

一是专注于技术开发。各研究所致力于开发突破性的技术和制造解决方案，推动从基础研究到原型开发的整个过程。这种跨越技术成熟度和制造就绪度等级的研究，能够确保新技术从实验室快速转移到实际生产中。

二是提供世界一流的设施和设备。研究所拥有最先进的测试平台、设备和实验室环境，为企业、学术机构和政府合作伙伴提供测试和原型开发的基础设施支持。

三是促进合作和知识共享。研究所通过联合项目和跨部门协作，为行业、学术界和政府提供了一个平台，以促进知识共享、解决共同的行业挑战，并推动技术的快速开发和采用。

三是教育和培训。研究所通过与高等院校、社区学院和技术学院合作，提供职业培训和劳动力发展机会。目标是培养具有先进技术技能的劳动力，以满足制造业不断变化的需求。

（二）在合作与协调方面

制造业 USA 网络的合作与协调机制是确保网络内各研究所、企业和政府机构能够高效协作的关键。通过协作，研究所之间能够共享技术资源、研究成果和劳动力培训的经验，从而最大化创新和产出效果。

一是研究所之间的合作，包括联合项目的开发。研究所之间的合作通过开发和执行联合项目来实现。一个研究所可能专注于某个领域的技术开发，而另一个研究所则专注于将该技术集成到新产品或新工艺中。跨研究所合作，可以加速技术转化的速度，推动前沿技术的产业化；共享最佳实践：制造业 USA 网络鼓励各研究所分享技术开发、流程管理和项目管理的最佳实践。通过内部的制造业 USA 理事会（Manufacturing USA Council），各研究所之间能够定期共享技术报告、研究成果和管理经验，避免资源浪费和重复工作，从而提高研发效率；协作培训和教育：各研究所联合提供职业培训和教育项目，尤其是中小型制造企业的培训。这种协作不仅增强了劳动力的技能，还增加了学徒计划和继续教育的机会。研究所会与社区学院和职业技术学校合作。

二是跨行业的合作，包括产业和供应链合作。制造业 USA 网络中的研究所吸引了大量的企业参与，包括中小型制造企业、大型企业和初创企业。这些企业通过成为研究所的成员，能够获得前沿技术、行业洞察和培训资源；公私合作（PPP）：公私合作伙伴关系是制造业 USA 网络的支柱。政府提供初始资金和政策支持，而私营企业和学术机构则通过资金匹配、设备共享和项目合作的方式共同投入。通过 PPP，制造业 USA 能够确保资源的高效利用，并为公共和私人利益创造长期的经济价值；地方和区域经济发展：通过与地方政府、经济发展机构和地方社区组织合作，研究所能够推动地方经济发展。例如，NextFlex（柔性电子制造研究所）与当地社区学院和职业培训机构合作，提供劳动力培训和就业安置，以应对电子制造业的劳动力缺口。

三是研究所与政府的合作，包括与联邦机构的合作。制造业 USA 网络的成员与国防部、能源部和商务部等多个联邦机构密切合作。这些合作通过技术开发合同、资金支持和政策指导来实现；与州和地方政府的合作：各研究所与州和地方经济发展机构合作，吸引外资，推动区域经济发展；政策协调和法规支持：制造业 USA 网络的研究所也在国家技术政策和行业标准的制定中发挥关键作用。与美国国家标准与技术研究院（NIST）的合作使研究所能够参与行业标准的制定，确保新技术符合行业法规和国际标准。

（三）在成员组成方面

制造业 USA 网络的成员多样化，涵盖了企业、学术机构、政府机构和社区组织等多个利益相关者。每一类成员都在整个制造生态系统中发挥着独特的作用。

一是企业。这些企业包括大型跨国公司（如波音、通用电气等）和中小型制造企业。它们通过参与研究所的研发项目获得技术优势，并在制造技术的早期阶段获得独家使用权。

二是学术机构。这些成员包括大学、研究机构和社区学院，它们参与技术研发、测试和职业教育。许多大学的研究人员参与到研究所的技术开发项目中，并与制造商一起测试新材料和工艺。

三是政府机构。政府机构（如 NIST、DoD、DOE）通过提供资金支持、政策指导和监管协调，确保网络的高效运营。政府资金主要用于早期的技术开发和示范设施的建设。

四是社区组织。社区学院、职业技术学校和地方劳动力发展机构与制造业 USA 网络研究所合作，提供职业培训和技能提升课程，帮助劳动力获得高薪就业机会。

四、关键绩效指标和监测

为了确保制造业 USA 网络的高效运营和战略目标的实现，计划提出了一套系统化的绩效监测和评估机制。这些关键绩效指标（KPI）和监测方法旨在跟踪研究所的运营状况、资金使用和战略执行效果，从而实现对网络整体绩效的全面掌控和持续改进。

（一）绩效监测

1. 定期绩效评估

每个研究所都会进行定期的绩效评估，这项评估由美国国家标准与技术研究院和联邦资助机构共同监督，目的是衡量各研究所对国家制造业目标的贡献。绩效评估的重点包括技术创新的转化率、新技术的商业化进展和行业的采用率。

2. 技术成熟度和就绪度的监测

利用技术成熟度和制造就绪度等国际公认的指标，评估每项技术从原型到大规模生产的转化进程，以确保新技术能够从实验室阶段平稳过渡到商业化应用。

3. 人才发展评估

跟踪劳动力培训的参与率和受训人员的就业情况，特别关注少数族裔、女性和退伍军人等代表性不足群体的就业情况，确保劳动力计划的多样性和公平性。

（二）资金跟踪

1. 资金来源多元化

计划强调了资金的多样化来源，包括州、行业、非核心联邦基金和私营部门的匹配资金。计划显示，制造业 USA 网络在 2022 财年共筹集了 3.07 亿美元，其中包括行业资金、州政府资金和其他非核心联邦资金，用于 700 多个关键技术和劳动力发展项目。

2. 资金分配透明化

为确保资金的有效分配，制造业 USA 网络的资金使用受到第三方审计和联邦资助管理条例的约束。每个研究所都必须向美国国家标准与技术研究院和其他联邦资助机构提交详细的资金使用计划。

3. 成本匹配机制

各研究所通常采用 1∶1 的资金匹配机制，这意味着研究所获得的每 1

美元的联邦资金，需由非联邦资金匹配 1 美元。这种机制不仅确保了研究所的财务可持续性，还推动了公共和私营部门的共同投资。

（三）数据报告和年度审查

1. 年度绩效报告

制造业 USA 网络的成员机构每年提交年度绩效报告，报告内容涵盖项目进展、资金使用、技术开发进展、合作伙伴关系和劳动力培训成果。大家通过这些年度报告，可以及时了解每个研究所的绩效表现。

2. 跨研究所的年度会议

每年制造业 USA 网络的 17 个研究所都会在年度全体会议上分享成果和经验，促进最佳实践的共享，推动跨研究所的协作项目。这些会议还提供了行业专家、政府官员和研究所领导人之间的对话平台，以制定未来的技术优先事项和发展战略。

3. 数据透明化和公开报告

网络可以通过制造业 USA 网络的官网和联邦公开报告平台，向公众和利益相关者提供透明的绩效数据。每个研究所的研究进展、项目成功案例和财政支出都会向公众披露，确保资金使用的透明性和问责性。

总体而言，《美国制造业战略计划 2024》旨在应对美国制造业的未来挑战，通过推动技术创新、加快新技术的商业化、发展制造业劳动力和建设有弹性的供应链，确保美国的竞争优势。计划的愿景、使命和目标清晰地阐明了未来几年内需要采取的行动和优先事项。制造业 USA 网络的各个研究所将在该战略规划中发挥核心作用，通过共享资源、合作研究和联合培训项目，为美国制造业的持续增长和转型提供支持。

第二节　德国:《国家工业战略 2030》

《国家工业战略 2030》是德国政府出台的干预力度较大的扶持本国产业的政策实践,反映以德国为代表的欧洲国家在社会市场经济理论的指导下,强调产业链闭环、科技创新主导的同时,正在政府、社会与市场之间寻求新的平衡点,从崇尚市场自由化转向加强政府干预,从全面扶持转向扶持重点产业。面对百年未有之大变局,我国的产业政策应当改变原有范式,遵循经济理性与社会福利相结合的原则,做到有所为有所不为,与竞争政策、区域政策等协调配合,强化产业政策的社会性目标导向和对社会福祉的创造功能,提高产业政策的合理性和有效性。

《国家工业战略 2030》的出台是德国在社会市场经济体制下为应对国际产业链调整而进行的政策调整,被看作德国重拾产业政策、加强德国经济复苏的标志,也使人们对欧洲国家的市场经济理论产生反思。本研究试图以德国为例,对欧洲国家国际贸易理论、产业政策演变及背后的原因进行分析梳理,为中国积极应对西方贸易保护主义、完善社会主义市场经济体制提供借鉴参考。

一、发展战略理念

一是强调融合发展,聚焦关键环节和关键领域,推动新旧产业共同发展。《国家工业战略 2030》提出,工业技术主导能力是保障德国工业可持续发展的关键,德国经济必须能够经受住所有主要领域的全球竞争,尤其是在关键技术和颠覆式创新方面。为此,该战略将钢铁铜铝、化工、机械、汽车、光学、医疗器械、绿色技术、国防、航空航天和增材制造十大领域列为关键领域,政府将提供更廉价的能源和更有竞争力的税收制度,注重在本土保持一个闭环的价值链。需要指出的是,与《中国制造 2025》

不同，《国家工业战略2030》提出的十大领域既包括新兴产业，也包括传统产业，并强调指出，不能人为地将工业领域划分为"脏乱旧行业"与"干净新行业"。

二是强调企业的主体性，着力培育冠军型企业，推动大中小企业融通发展。《国家工业战略2030》认为，德国特有的"隐形冠军"优势，正在被数字化和创新浪潮所侵蚀。这些隐形的冠军型中小企业，比任何时候都需要得到个性化的扶持。同时，《国家工业战略2030》指出，在涉及能够改变游戏规则的新技术领域，政府有必要进行激励性援助，通过修订竞争法、政府收购股份、国家直接援助等方式，鼓励企业合并或组成大型集团，培育一批"国家工业冠军"，防止重要领域被外资收购。

三是强调选择性开放，注重自由开放的同时，维持欧盟价值链的封闭。《国家工业战略2030》呼吁降低全球关税和壁垒，强化并扩大多边机制，反对各种保护主义，提出要通过加强对政府资助和竞争法的审查、反倾销、反对滥用市场支配地位等措施，更加积极地反对其他国家的竞争扭曲行为。但该战略也提出维持封闭的价值链至关重要性，鼓励欧盟企业应只参与欧盟价值链，这显然是违背世界贸易组织（WTO）规则的。

二、战略运用的方法

一方面，以个人宣言形式将战略提前抛出，不断修改完善。从整体上看，《国家工业战略2030》更像是一份个人施政宣言，而不是一个严谨、可操作的国家战略，德国政界、企业、协会以及工会将对战略内容乃至能否发布实施作出讨论。该战略一经公布，就在德国产业界、学术界引起了较大争议，可以说其目标已经达到。这为后续战略的完善乃至实施提供了很好的指导和借鉴。

另一方面，将工业发展放在国家使命的战略定位，设定一个占比警戒线。《国家工业战略2030》强调，没有高比例的工业就业岗位，就无法保持高收入水平和高水平的教育、环境保护、社会保障、医疗保健及基础设施。加强工业基础符合德国国家利益，也是国家使命。从历史看，德国就是因为始终坚持以工业为基础的经济发展模式，从而保持了较强的竞争力和创新能力。从目前看，2017 年德国制造业增加值占国民经济的比重为23%，欧盟为 16%。该战略提出，制造业增加值占国民经济的比重，不仅是一个导向性指标，还是辨别朝着正确或错误方向发展的"方向标"。德国需要将这个指标提高到 2030 年的 25%，而欧盟则需要提高到 20%。

三、战略的主要内容

《国家工业战略 2030》旨在与工业利益相关者一道，努力确保或重夺所有相关领域在国内、欧洲乃至全球的经济技术实力、竞争力和工业领先地位，主要内容包括六大内容。

（一）明确了《国家工业战略 2030》的目标

该战略旨在确保或重夺相关领域在全球范围内的领先地位，从而确保与扩大德国整体经济实力和国民就业。该战略的具体目标则是到 2030 年，逐步将德国和欧盟的工业增加值比重分别提升到 25% 和 20%。

（二）着重强调了国家工业实力在国际竞争和国家发展中的极端重要性

正是由于始终坚持以工业为基础的经济模式，德国工业才具有极强的竞争力和创新力，才能维持德国经济的高度繁荣。如果没有大量的工业就业机会，德国就无法维持其高收入水平及高质量的教育、环境、社会保障、医疗卫生和基础设施。因此，增强国家工业基础关乎德国的根本利益，是德国的立国之本。该战略明确将钢铁铜铝、化工、机械、汽车、光学、医疗器械、绿色科技、国防、航空航天和增材制造十大产业列为德国制造业的关键核心部门。

（三）特别强调当前不断加速的突破性创新正在重塑世界经济规则

颠覆性技术从根本上打破了以往的工业技术、流程和模式。当今世界最重要的突破性创新就是数字化、人工智能应用以及平台经济模式。全球大型互联网平台通过利用大量的资金和数据，已经成为突破性创新的主要驱动力，正在改变全世界的经贸规则。这不但对以往的市场领导者造成颠覆性影响，在很短的时间内形成巨大的扭曲，而且对传统发达工业国家也造成了巨大的挑战。未来，只有拥有并掌握突破性技术的国家才能始终在激烈的国际竞争中保持有利地位。如果一个国家或公司不能有效掌握新技术、新模式，那么，无论它过去多么领先，都将从"规则制定者"转变为"规则遵守者"。

(四) 详细阐述了德国工业目前所面临的双重挑战

虽然德国工业在某些传统工业领域尚占据一定的优势，但是面临颠覆性技术以及新兴国家崛起的双重挑战，这些优势正在被逐步削弱，甚至随时可能被颠覆。一方面，颠覆性技术往往会催生新的市场需求，对一国产业结构、经济动能产生深刻影响，如果不抓住这个机会，很有可能在未来的竞争格局中处于不利地位，且这种地位一旦固化，很难短时期内实现"逆袭"。因此，如果德国不能在颠覆性技术方面取得领先地位，就有可能损失未来竞争优势和价值增值空间。另一方面，产业政策在世界主要国家中兴起，竞争对手正在采取一系列的产业政策支持突破性技术和新兴产业的发展并向其他国家市场快速扩张。诸如中国等新兴国家的崛起就得益于市场经济原则与积极主动的国家政策的紧密结合。因此，德国必须深入考虑经济政策的根本挑战并采取相应的措施，否则，这些挑战将无法得到解决，德国企业也将彻底孤立无援，陷入极其困难的发展境地。

(五) 基于现有挑战提出了未来的产业政策要点

具体内容如下：(1) 掌握工业技术的主导能力是维持德国未来生存能力的决定性因素。德国经济必须能够经受住所有主要工业领域的全球竞争，特别是在关键技术和突破性创新方面。(2) 工业增加值比重应该成为判断德国是否朝着正确方向发展的重要指标。到2030年，德国工业增加值比重应该提升到25%，而对于欧盟来说，这一指标则应该提高到20%。(3) 维持一个完整的工业价值链对于德国至关重要。如果价值链的所有环节都集中在德国，那么该产业链将具有更强的竞争力，各个产业环节也将更具抵抗力。(4) 在德国优于其他国家的产业领域进一步扩大现有优势，为每一份工作岗位而奋斗。(5) 由于快速的创新进程，特别是数字化进程正在给中小企业带来巨大挑战，因此，必须持续强化对德国中小企业的支持，给予其个性化的优惠与扶持。(6) 市场规模是新兴产业发展的关键要素，德国应该扶持"国家龙头企业"。如有必要，甚至可以在具有战略重要性的"龙头企业"中持股，以防这些企业被外资收购。

（六）明确了未来的产业监管政策原则

《国家工业战略2030》强调市场经济的基础性作用，坚持自由开放规则和遵循比较优势原则，反对国家强行干涉市场经济进程和随意干涉独立企业的商业决策，认为实现《国家工业战略2030》目标的主要动力在于市场经济和私营部门。但是，该战略同时强调自由开放的市场需要所有市场参与者具有可比的框架条件即公平竞争的环境。如果在可预见的未来全球经济无法创造一个公平竞争的环境，那么，德国必须采取更加积极的行动来抵制其他国家的不正当竞争。这也就意味着在必要情况下采取国家干预行为是合理的，即当一个国家经济中的市场力量无法保持其创新能力和竞争力时，国家有责任介入。而国家是否采用干预措施以及干预的程度则由新的经济比例原则来决定：一个过程的经济意义越小，则国家对该经济过程的干预就可以越少；一个过程的经济意义越大，国家主动参与其中的行动空间就可以越大。为了消除现有的不平等与不利因素，德国应该采取一系列干预措施，包括改革现行的补贴法和竞争法、给予企业限时补贴乃至限时接管重要企业股份、限制倾销和滥用市场主导地位的行为、推动重要产业领域的企业合并等。

四、战略实施的机制

一方面，坚持德国"社会市场经济"既定原则的同时，适度加大国家干预力度。长期以来，德国产业界一直反对政府过多干预市场，推崇"社会市场经济"模式，即以市场经济为主、国家调节为辅的经济政策。但《国家工业战略2030》认为，全球大变革的时代，仅靠企业力量是不够的，会出现国家层面的市场失灵，有必要出台更加积极的产业政策。《国家工业战略2030》提出，政府不应随意干预企业的商业决策和市场竞争，但政府可以在能源价格、企业税额、社保缴费率等方面适度干预。该战略的发布释放出一个明确信号，即加大国家干预，更多发挥政府作用，一旦正式通过将为"德国政府出手"铺平道路。

另一方面，强调多部门共同参与的同时，注重政策的相机决策。《国家工业战略2030》作为一个计划草案，后续将在工业部门、经济部门、工会组织和学术界等利益相关方深入研讨下继续完善，修订后的战略将在联邦政府内部达成一致并由联邦内阁裁定。同时，该战略还将包括必要的法律修正案（竞争法）和参与机制，提出，定期对工业政策的实际发展和联邦政府政策的适当性进行集中评估，且不采用新的、详细的和复杂的监测程序，以保证战略的顺利实施。该战略也建议欧盟需要实施新的工业战略，组建"工业部长理事会"，加强对工业问题的讨论交流和政策协同，扭转部分国家的去工业化进程。

第三节　韩国：《制造业复兴发展战略蓝图》

2019年，韩国科学技术信息通信部发布了《制造业复兴发展战略蓝图》，旨在推动制造业的复兴并跻身世界四大制造强国之列，其中特别强调政府对投资和创新的支持和对先进制造业人才培养的重视。《制造业复兴发展战略蓝图》提出的具体目标是：（1）到 2030 年，使制造业附加增率提升至 30%；（2）使制造业产值中新产业和新产品的比重提升至 30%；（3）将世界一流企业数量增加一倍，增加至 1 200 家。此外，《制造业复兴发展战略蓝图》提出了具体的四大战略。

一、以智能化、环保化和融合化创新产业结构

（一）加快智能工厂建设，以人工智能为基础推动制造业智能化水平提升

韩国将制定《国家人工智能战略》，计划到 2030 年建成 2 000 个智能工厂；将制定《制造业创新特别法》，支持核心软件和硬件、机器人、传感器、设备等智能制造实施的应用，推动整体制造业产业向智能化方向发展；将收集智能工厂产生的数据，构建以人工智能为基础的数据服务中心。

（二）支持相关技术开发及基础设施构建

韩国将通过生产更环保的产品，力争使韩国成为环保领域领先国家。韩国政府将于 2020—2025 年投入 3 856 亿韩元支持电动汽车和氢能汽车研发，力争到 2030 年氢能汽车累计产量达到 85 万台。2021—2030 年将投入 6 000 亿韩元用于氢气船研发，并进行可行性验证。

（三）促进制造业与服务业融合发展，提高产品附加值

韩国将大力推动核心技术研发，进而开发出无人驾驶汽车和船舶、智能医疗设备、智能家电、服务机器人等新型产品，并通过实证加快产业化进程；还将引入监管沙盒、监管自由特区等制度，加速融合型产品和服务的创造。

二、大力培育新兴主力产业

(一) 发展新兴产业

主要包括制定新产业领域的中长期技术路线图，鼓励在系统半导体、未来汽车、生物技术三大核心领域开展大型公私合作研发。预计到 2030 年，韩国民间部门投资将达 180 万亿韩元，政府部门投资将达 8.4 万亿韩元；韩国政府还制定标准化战略，以便促使部分创新性技术达到国际标准水平，并在电动汽车、氢能源汽车、机器人、生物技术等十大领域主导或参与国际标准制定；集中建设一批大数据平台、人工智能中心、5G 网络等基础设施，以此为基础培育新产业和新服务。

(二) 集中培育材料、核心零部件等新产业

韩国将全面修订《材料和零部件特别法》，将政策对象扩大至设备领域；每年投入 1 万亿韩元专项资金，用以开发 100 项与核心材料、零部件和设备相关的技术；构建以大数据和人工智能为基础的"数字模拟平台"；构建示范试验生产基地，用以验证材料、零部件和设备质量。

(三) 构建具有国际化水平的制造业集群创新基地

出台《产业园区改造计划》，把现有产业园区改造成创新制造业和培育新产业的示范基地。在园区入驻规定方面，将由原来的行业门类规定转变为负面清单制度。

三、优化产业创新生态系统

(一) 培养制造业所需专业人才

包括以产业界需求为基础，创新理工科教育方式，使教育和现实需求

有效对接；根据中长期产业前景和需求，制定跨部门的"产业人才培养路线图"；开放教育培训，提供职业教育、在职培训等机会。

（二）进一步完善研发体系

包括加强高精尖技术研发；出台《国家知识产权创新战略》，培育以知识产权为基础的中坚企业。

（三）完善金融体系，向制造业企业提供更多金融支持

包括设立"超大型民间基金"，利用民间资本推动制造业创新；促进中小和中坚企业的创新发展。

四、强化政府对投资和创新的支持

（一）加强投资，构建一站式投资体系

对高端技术、新产业、落后地区的地方投资提供税收优惠；对设备投资、主力产业转型升级、人力资源培养等提供税收优惠；完善《国家均衡发展特别法》《外国人投资促进法》等相关法律法规。

（二）加大政府采购，创造需求

建立创新产品采购快速通道等创新型公共采购综合政策，通过政府采购创新产品引导企业进行技术创新。

（三）扩大公私合作

包括通过跨部门并有民间部门参与的总统制造业复兴战略会议推动制造业创新。

2023—2024 年，韩国陆续发布 20 余项产业科技战略，加速推进研发投资和技术创新，力图打造重点领域核心竞争力。值得说明的是，韩国产

业科技战略具有聚焦战略前沿领域、明确技术与产业目标、科技资源全方位支撑的特点。一方面，以强化重点领域技术培育、遴选及推进重点技术研发与突破为目标，发布综合性战略技术创新指导政策。另一方面，瞄准量子、半导体、数字生物、氢能等前沿和关键领域，发布具体领域技术创新战略。2024 年 2 月，韩国政府公布了"新产业政策 2.0 战略"，旨在通过人工智能和产业融合振兴经济，创造未来的增长引擎。该综合战略侧重于在先进产业中建立超级差距，改造关键行业，完善出口，并制定适合人工智能时代的新产业政策。此外，《"新增长 4.0 战略"促进计划》提出推进下一代移动出行、太空探索、量子技术等新兴技术研发，研发和建设数字基础设施、新一代物流、智能电网等数字技术与设施，抢占战略性产业（半导体、显示器等）、生物产业、内容产业等全球新兴市场的三大战略方向和具体项目。

第四节　中国：制造业相关政策及发展现状

作为制造业大国，我国十分重视国内制造业的转型升级。随着 5G 等新一代通信与信息技术的不断发展，制造业的高质量、智能化发展成了先进制造业的重点发展方向。

2021 年 12 月 29 日，工业和信息化部发布了《"十四五"智能制造发展规划》。《"十四五"智能制造发展规划》提出，"十四五"及未来相当长一段时期，推进智能制造，要立足制造本质，紧扣智能特征，以工艺、装备为核心，以数据为基础，依托制造单元、车间、工厂、供应链等载体，构建虚实融合、知识驱动、动态优化、安全高效、绿色低碳的智能制造系统，推动制造业实现数字化转型、网络化协同、智能化变革。

2022 年以来，我国虽未发布先进制造业专项规划，但多部门发布的政策中均提及"加快发展先进制造业集群发展"。例如，2022 年 11 月，《关于巩固回升向好趋势加力振作工业经济的通知》提出要深入实施先进制造业集群发展专项行动，聚焦新一代信息技术、高端装备、新材料、新能源等重点领域，推进国家级集群向世界级集群培育提升；12 月，《"十四五"扩大内需战略实施方案》提出要壮大战略性新兴产业，围绕新一代信息技术、生物技术、新材料、新能源、高端装备、新能源汽车、绿色环保、海洋装备等关键领域，5G、集成电路、人工智能等产业链核心环节，推进国家战略性新兴产业集群发展工程，实施先进制造业集群发展专项行动，培育一批集群标杆，探索在集群中试点建设一批创新和公共服务综合体。

2024 年 1 月，工业和信息化部、国家发展和改革委员会联合印发《制造业中试创新发展实施意见》，旨在打造现代化中试能力，支撑产业科技创新和高质量发展。2024 年 12 月，工业和信息化部、国务院国有资产监督管理委员会、中华全国工商业联合会等联合印发《制造业企业数字化转型实施指南》，旨在加快新一代信息技术全方位全链条普及应用，加速产业模式和企业组织形态变革，系统提升企业数字化水平，不断培育新质生产力发展新动能。

"十四五"建设期恰为《中国制造 2025》后半程，为实现制造业转型升级以及制造强国战略，预计行业政策红利仍将延续。受益于产业政策的积极推动，我国先进制造业将进入快速发展期，市场前景广阔。

根据《中国制造 2025》，到 2025 年，我国制造业整体素质大幅提升，创新能力显著增强，全员劳动生产率明显提高，两化（工业化和信息化）融合迈上新台阶；重点行业单位工业增加值能耗、物耗及污染物排放达到世界先进水平；形成一批具有较强国际竞争力的跨国公司和产业集群，在全球产业分工和价值链中的地位明显提升。到 2035 年，我国制造业整体达到世界制造强国阵营中等水平。创新能力大幅提升，重点领域发展取得重大突破，整体竞争力明显增强，优势行业形成全球创新引领能力，全面实现工业化；新中国成立一百年时，制造业大国地位更加巩固，综合实力进入世界制造强国前列；制造业主要领域具有创新引领能力和明显竞争优势，建成全球领先的技术体系和产业体系。

第二章

制造业生存与发展的根基：
质量

第一节　我国制造业总体发展情况

在市场规模方面，根据国家统计局的数据，2023年中国制造业增加值达到了约38万亿元，占全球制造业总产值的近30%，我国制造业总体规模连续14年居全球第一。预计到2025年，中国制造业市场规模将进一步扩大，年复合增长率约为5%。

在产业结构方面，我国制造业主要集中在电子、汽车、钢铁、化工等领域。近年来，高端装备制造、新能源、新材料等领域也取得了显著进展。同时，劳动密集型产业如纺织、服装等逐渐向中西部地区和东南亚地区转移。

在技术研发方面，我国在制造业技术创新方面取得了显著成果。智能制造、工业互联网、大数据分析等技术的应用，使得制造业的生产效率和产品质量得到了显著提升。此外，中国在新能源汽车、5G通信等领域也取得了重要突破。

从附加值来看，2016—2023年平均每年增长6.4%，2022年增速达到峰值18.3%。2023年，制造业增加值占全球比重约30%，连续14年居全球首位。我国制造业增加值在不断降本增效、转型升级和产业结构优化中持续稳步提升。

从制造业采购经理指数（PMI）年均值来看，2023年大型企业制造业PMI年均值为51.1%，比2022年高0.9个百分点，扩张力度有所增强，为制造业经济恢复发展提供重要支撑。中型企业和小型企业制造业PMI年均值分别为49.3%和48.2%，虽比2022年分别高0.2个和1.5个百分点，但4月以后均位于收缩区间，中、小型企业景气水平持续偏低。

从企业数量来看，2014—2023 年，我国制造业新增注册量呈稳步上升趋势，2014 年新增注册量为 95.2 万家，2023 年新增注册量已达到 166.2 万家，其数量约为 2014 年的 2 倍。

2024 年 12 月，《2024 中国制造强国发展指数报告》（以下简称《报告》）发布。《报告》显示，2023 年，面对复杂多变的外部环境和多重因素挑战，我国制造业顶住外部压力、克服内部困难，制造强国发展指数整体向好，高质量发展扎实推进，制造业全球竞争力居于上升趋势，在提质增效、绿色低碳发展等方面呈现诸多亮点。

此外，《报告》归纳了当前我国制造业呈现出的重大变化：一是制造业规模总量持续增长，但增速放缓，分项指标出现负增长。二是质量效益分项指标增幅位居世界第二。三项核心指标——制造业增加值率、制造业全员劳动生产率、销售利润率近年来首次同步提升。三是持续发展分项指标实现近年来最大幅提升，列各国首位。这表明我国奉行的绿色低碳发展成效显著，"单位制造业能耗的制造业增加值" 及 "工业固体废物综合利用率" 两项指标增幅明显。四是 "基础产业增加值占全球基础产业增加比重" 实现 "四连增"。五是 "全球 500 强中制造业企业营收占比" 指标跌幅明显。

第二节　我国制造业质量的总体状况

一、部分制造产品达到或接近国际水平

经过 30 多年的快速发展，我国制造业不仅实现了由小到大的历史性转变，质量水平也有较大提升。部分重大装备、消费类及高新技术类产品的质量达到或接近发达国家水平，如神舟十号载人飞船、"蛟龙" 载人潜水器、歼-15 战斗机、北斗导航卫星等。同时，产生了一批具有较强质量竞

争力、引领产业发展的制造企业，如华为、三一重工、大疆创新、联想集团、小米等。

二、制造业总体质量水平与发达国家还有差距

美欧日等制造强国的总体质量水平高，产品性能稳定性、质量可靠性、环境适应性、使用寿命等均处领先水平。中国制造业总体质量水平不高，与消费者期望及制造强国的地位差距很大。美欧日制造产品平均合格率达到了 99.99932%，而中国仅为 98.76%。汽车、数控机床、工程机械、农用机械、特种设备等重要产品的质量稳定性、可靠性和使用效率均较低；钢铁、有色、化工等产品功能档次、质量一致性和稳定性有待提高；基础零部件、消费电子等产品的可靠性不高、使用寿命短；少数高附加值、高功能特性的产品仍依赖进口；部分食品、药品、婴童用品等涉及人身安全的产品尚未建立完善的全生命周期质量安全追溯体系。

三、制造业不合格产品时有发生

根据公开信息，近几年我国每年因产品质量问题造成的返工、返修、消费者投诉赔偿等，造成的直接损失高达数千亿元，而由此造成的机会成本、过度成本等潜在间接损失，则超过万亿元。

四、打造制造业中国品牌还有很长的路要走

目前，我国已推行全面质量管理，并取得了一定成效，成功培育了一批华为、格力、联想等国际知名品牌，部分企业也因卓越质量而走向全球并赢得市场。例如，潍柴动力股份有限公司在遭遇破产危机后，通过引进先进质量管理经验以及建立 5WS 运营体系来提高产品质量，最终以"可靠、耐用"的质量品牌形象成功进入欧美发达国家市场。又如，海尔自20世纪80年代发生中国质量史上知名的"砸冰箱"事件后，通过实施全面

质量管理来提高产品质量，塑造名牌形象，最终发展成为如今的全球白电第一品牌。但总体上，我国知名制造品牌数量及美誉度、知名度、信誉度与发达国家差距较大，如自主制造品牌大都存在市场认可度低、品牌附加值低、顾客美誉度低和忠诚度有待提高等问题。与制造业发展的速度和规模相比，品牌建设明显滞后。此外，多数制造企业的战略管理和市场营销能力弱，缺乏国际竞争经验；部分企业以代工制造为主，没有建立自主的营销渠道和品牌；不少企业对品牌的认知还停留在形象和广告上，没有认识到品牌的价值内涵；很多企业品牌培育能力不足，难以把所具备的能力和优势转化为顾客感知的品牌价值。据不完全统计，世界装备制造业中90%的知名商标所有权掌握在发达国家手中，我国出口的商品中90%以上是贴牌产品。

第三节　提升制造业产品质量的重大意义

2023 年 3 月 5 日，习近平总书记在十四届全国人大一次会议江苏代表团审议时强调，高质量发展是全面建设社会主义现代化国家的首要任务。必须完整、准确、全面贯彻新发展理念，始终以创新、协调、绿色、开放、共享的内在统一来把握发展、衡量发展、推动发展；必须更好统筹质的有效提升和量的合理增长，始终坚持质量第一、效益优先，大力增强质量意识，视质量为生命，以高质量为追求；必须坚定不移深化改革开放、深入转变发展方式，以效率变革、动力变革促进质量变革，加快形成可持续的高质量发展体制机制；必须以满足人民日益增长的美好生活需要为出发点和落脚点，把发展成果不断转化为生活品质，不断增强人民群众的获得感、幸福感、安全感。[①] 习近平总书记强调的内容为我国制造业质量提

---

① 习近平在参加江苏代表团审议时强调牢牢把握高质量发展这个首要任务 [EB/OL]. (2023-03-05) [2025-02-19]. https://news.cnr.cn/native/gd/s2/20230305/t20230305_ 526172463. shtml.

升工作提供了根本遵循，也体现出了提升产品质量的重大意义。提升制造业产品质量既是我国制造业质量工作现实基础的要求，也是国家发展的重大需求。

一、适应我国自身发展的需求

党的十九大支持我国社会主要矛盾已经转化为人民日益增长的美好生活需要和不平衡不充分的发展之间的矛盾；社会主要矛盾的变化是关系全局的历史性变化，要求我们在继续推动发展的基础上大力提升发展质量和效益，更好满足人民日益增长的美好生活需要。

"十四五"规划纲要指出要加快发展现代产业体系，巩固壮大实体经济根基，要加快推进制造强国、质量强国建设。同时提出，要形成强大国内市场，构建新发展格局，加快构建以国内大循环为主体、国内国际双循环相互促进的新发展格局。

加快建设全国统一大市场的意见指出，要以满足人民日益增长的美好生活需要为根本目的，要以市场主体需求为导向。

质量定义与内涵的要求产品质量必须适应我国自身发展的需求：我国社会主要矛盾已经转化为人民日益增长的美好生活需要和不平衡不充分的发展之间的矛盾，制造大国向质量强国迈进以及国内国际双循环格局、全国统一大市场建设等，要求我国制造业产品质量必须具备主观特性（人民/产业链上下游主体所期望的）和客观特性（独立于人民/产业链上下游主体期望的）的产品属性。这也是质量的定义与内涵的要求。

二、维护国家利益的需要

再工业化和逆全球化进程加剧全球制造业质量竞争。近年来，发展中经济体和发达经济体的工业化和再工业化战略以及逆全球化浪潮，正在重塑全球制造业竞争格局。新兴市场国家崛起、发达国家制造业优惠政策、进出口贸易管制、创新技术应用等多种要素，推动了创新价值链、劳动密集型产品价值链、区域生产价值链、资源密集型产品价值链在不同经济体的重新布局。

随着工业化、全球化、信息化的深入推进，制造业发展面临全球产能过剩、制造质量趋同、产品创新加速的新常态，也出现了产业链中关键产品、核心技术"武器化"，全球价值链不得不本地化、封闭化的新问题。

应对制造业发展的新形势，质量依然是各国制造业发展和竞争的焦点因素，也被赋予了新的内涵。制造业质量的竞争是多样化创新产品的竞争，也是产品全寿命周期高安全性、高可靠性、可维修性以及综合使用效率的竞争。产品、产业附加值的高低事关制造业质量发展的后劲和动力，也深刻影响着全社会的财富增长和福利分配。持续深化的再工业化政策、日趋严峻的逆全球化浪潮，凸显了产业标准制定和产业链治理权在制造业质量发展中的关键作用。

三、科技进步和产业变革引发质量管理范式等重大调整

在技术层面，技术进步和产业变革深刻改变了制造业的生产方式，重塑了质量管理模式。制造流程从分离走向融合，投入要素的重要性发生变化；数字化生产引领制造业发展潮流，定制化生产在生产中占比提升，服务成为产品的重要价值来源。生产方式与竞争内核的变化，驱动质量管理范式向数字化、智能化、体系化、系统化、精益化、零缺陷转型，引发制造业质量管理重点出现根本性调整。

在产品质量特性方面，质量管理从关注产品质量到关注产品与服务质量并重；在生产方式方面，质量管理从关注规模化生产质量到关注规模化生产与个性化定制质量并重；在生产流程方面，质量管理从关注制造质量到关注制造质量与设计质量并重；在投入要素方面，从关注传统投入要素质量到关注传统投入要素质量与数字投入要素质量并重。顺应质量管理数字化、网络化、智能化转型的发展趋势，世界各国着力创新质量管理的技术和方法，推动数字化质量管理技术、零缺陷质量管理技术、现代供应链

质量管理技术、先进产业质量基础设施的创新和应用。

四、全球竞争和产业变革需要重塑质量生态体系

制造业质量发展内涵和质量管理技术的深刻变化，要求重塑制造业质量发展的生态，适应未来制造业高质量发展的需求。

在质量法治方面，兼顾产品创新提速和消费者权益保护的关系，在为技术创新发展营造宽松的市场环境的同时，防止新技术、新产品的潜在安全风险对消费者和可持续发展的伤害。

在质量政策方面，应对扩大对外开放要求，全面参与全球公认的贸易规则制定和实施；应对逆全球化风险，按照国际通行做法持续实施质量战略，支持创新领域、安全领域质量发展，提高产业链治理话语权。

在质量文化方面，从关注产品质量特性向关注质量文化的作用转变，营造关心消费者权益、考虑利益相关者诉求、创造客户价值的现代质量文化。

第四节　我国制造业质量提升面临的五大问题与挑战

党的二十大报告提出 2035 年基本实现新型工业化。根据 2023 年新华社北京 9 月 24 日电题：开拓创新、担当作为，汇聚起推进新型工业化的强大力量——习近平总书记的重要指示为推进新型工业化指明方向、鼓舞干劲，"新时代新征程，以中国式现代化全面推进强国建设、民族复兴伟业，实现新型工业化是关键任务"。全国新型工业化推进大会传达了习近平总书记就推进新型工业化作出的重要指示。习近平总书记的重要指示，是新时代新征程上推进新型工业化的行动纲领和科学指南，要开拓创新、担当作为，汇聚起推进新型工业化的强大力量。新型工业化作为发展新质生产力的主阵地，是制造强国建设的必由之路。面向 2035 年我国基本实现新型

工业化这一战略目标，我国制造业质量提升仍面临质量损失率高、关键产品可靠性低、质量管理体系贯标差、质量基础设施服务效能低、数字技术赋能中小企业红利少等五大问题与挑战。

一、"高"——制造业质量损失率依然较高

在很长的一段时间内，企业因没有切实做到视质量为生命而遭受重大损失或倒闭的案例时有发生。

从统计数据看，近几年我国制造业质量损失率依然处于约 1.5% 的高位。我国每年因产品质量问题造成的返工、返修、消费者投诉赔偿等，直接损失高达 3 000 亿元，而由此带来的间接损失更是超过万亿元。此外，截至"十三五"末，我国制造业企业一次交验合格率平均仅为 96.6%，约 20% 的企业一次交付合格率不足 95%，而欧美发达国家重点领域产品平均合格率已达 99.99%。

二、"低"——关键产品可靠性低于国际先进水平

国家统计局发布的数据显示，"十三五"时期我国产品抽检合格率呈逐年上升趋势，但是优等品率则由"十三五"初期的 64% 下降到末期的不足 60%。目前，我国部分国产机床关键部件可靠性指标不到国际领先水平的 1/10，高端、高档次产品质量标准水平需进一步对标国际一流，提高供给质量水平，解决制约我国高端制造发展的瓶颈。此外，工业领域数字技术融合应用能力尚有短板，难以支撑我国培育新品、名品、精品，形成品种引领力、品质竞争力和品牌影响力。

三、"差"——质量管理体系贯标水平依然较差

我国从 1993 年开始对企业进行质量体系认证，目前已取得了巨大成就，但也存在三大问题。

一是我国质量体系认证工作仍不完善。ISO 统计数据显示，截至 2021 年底，我国制造业质量管理体系认证证书数量占全球总数的 21.5%，但规模以上企业中获证企业数量仅为 58.8%，而没有通过或系统化开展质量管理体系认证的规模以上企业高达 40%。

二是质量体系认证实施效果不佳。我国制造业企业，尤其是中小型企业，虽通过质量体系认证，但管理意识或专业知识的欠缺，导致实施效果不佳。

三是先进质量管理体系采标贯标的内生动力不足。对于众多制造业企业仅符合 ISO 9000 质量体系认证的基本要求，对先进质量管理体系标准，如 ISO 9004 质量管理—组织质量—实现持续成功的指导、ISO 10014 质量管理—实现财务和经济效益的准则等，缺乏采标的内生动力。

四、"低"——质量基础设施服务效能较低

我国制造业部分细分领域质量基础设施短板依然突出。

一是供给不足和供给过剩并存。一方面，传统制造业第三方检验检测资源发挥效能低，重复建设问题突出；另一方面，新兴、创新产业领域的质量基础设施供给不足，与技术变革和产业变革的速度不相匹配。

二是检测结果不互认。当前，我国区域性、行业性检测认证壁垒尚未完全消除，质量评估结果不互认给商品全国性流通带来困难。

三是部分机构的风险意识与质量意识不高。从 CNAS 关于实验室和检验机构不诚信问题的典型案例通报情况看，编造检测数据、校准数据、不确定度数据以及检测信息不真实现象时有发生。例如，部分认证机构存在"卖证、出假证"等违反认证程序的行为。

五、"少"——数字技术赋值中小企业红利较少

数字生产力为制造业质量管理创新、高质量发展提供新机遇新空间，但中小企业尚未充分享受数字技术红利。以数据要素创新驱动质量管理为

例，中国质量协会调查信息显示，能够实现自动采集质量数据的企业仅占7%，能够实现企业内部质量数据共享的企业占比仅为30%。

此外，国家统计局发布的数据显示，2018年以来，我国制造业利润处于持续下滑态势，中小企业受成本等因素限制，数字技术尚未有效提升中小企业经营绩效。

第五节　我国典型制造业质量问题剖析

随着我国两化融合、"互联网+"的深入推进，ICT制造业已经不仅是制造业中的一个分支，且已经成为支撑整个传统制造业转型升级的关键基础领域。我国ICT制造业收入仅占工业总收入的8%，但是ICT制造业企业研发投入占全国研发投入比例达16%，ICT领域专利数占比更是达到60%以上，ICT制造业甚至引领了我国技术产业整体的创新发展。当前，ICT产业正处于变革前期，因此本节以ICT制造业为例说明。

一、ICT制造业总体发展情况

一是产业规模迅速扩张，市场份额保持领先。根据工信部数据，近几年我国ICT制造业营收远超同期世界平均增速。目前市场份额达27%，稳居世界第一。从细分领域来看，我国细分ICT制成品国际市场份额基本超过30%。其中，面板、LED、PCB市场份额过半；半导体、被动元器件等也占据了超过30%的市场份额，基本实现全面开花。

二是规模以上细分领域制造业增加值同比增长显著。数据显示，2024年1—10月，我国ICT制造业生产增速较快，出口保持增长，效益稳步改善，行业整体发展态势良好。1—10月，规模以上ICT制造业增加值同比增长12.6%，增速分别比同期工业、高技术制造业高6.8个和3.5个百分点。值得一提的是，1—10月，行业主要产品中，手机产量13.39亿台，同比增长 9.5%，其中智能手机产量 9.9 亿台，同比增长 10%。1—10 月，规模以上 ICT 制造业实现营业收入 12.96 万亿元，同比增长 7.2%；实现利润总额 5149 亿元，同比增长 8.4%。

三是产业固定资产投资稳定增长，重点领域投资增速跃升。据工信部数据统计，自 2014 年以来我国 ICT 制造业固定投资增速稳定在 10% 以上，2019 年 500 万元以上项目实现固定投资额超 2.7 亿元，同比增长 16.8%，2020 年 ICT 制造业固定资产投资和 2019 年相比增长 12.5%，快于制造业投资增长。此外，我国 ICT 产业链逐渐向高附加值领域推进，集成电路元件及专用材料、智能消费设备的投资不断加大，目前增速均突破 40%。

产业研发支出持续加大，创新成果丰硕。据工信部统计，近些年，我国 ICT 制造业研发经费同比增长 7.5%，保持较快增长趋势，其中半导体材料和集成电路研发支出最多，近两年增速均超过 10%。高额的研发投入也带来了丰硕的成果产出。

此外，专利申请量也呈现出头部集中的趋势，华为、OPPO、京东方分列我国发明专利数量排名稳定靠前。

二、ICT 制造业总体特征

根据联合国关于 ICT 制造业的定义，其细分领域包括电子元器件和板制造（含半导体元器件和集成电路制造）、电脑和外围设备制造、消费电子产品制造（含手机和平板制造）、通信设备制造等四大类。其中，电子元器件和板制造为链条基础，代表企业为中芯国际；电脑和外围设备制造、消费电子产品制造等与消费用户体验高度关联，代表企业为联想、华为、小米等；通信设备制造类与运营商等企业客户运营质量高度关联，代表企业为华为（主设备）、配套企业。

ICT 制造业链条具备五大特征：（1）跨地域。突出表现为 ICT 制造业产品制造大多需要行业分工合作甚至国际合作。（2）链条长。ICT 制造业从原材料到终端均有所涉及。（3）相关主体众多。涉及上下游跨行业领域企业，且主体间相互关联，关注焦点也在日渐模糊。（4）易接受和实现质量管理数字化。数字化时代，作为数字化技术的原生行业，ICT制造业更易接受和实现数字化转型。（5）赋能能力强。ICT制造业作为数字化技术的原生行业，随着科技进步，更具赋能垂直行业数字化转型的能力。

编者经过进一步归类，将 ICT 制造业分为三大类，且不同细分领域制造业具有不同的质量要求。

To B、To C 制造企业（ICT 离散性制造业）：质量更关注需持续提升"用户体验"，即 ICT 产品质量的主观性。

大宗商品（ICT 流程制造业）：质量关注需保障"合规性"，即保障ICT 产品质量的客观性。

关键基础零部件、元器件、材料代表制造企业：更多处于"有没有"阶段，即关键环节"卡脖子"，在一定程度无法谈起产品"质量"。

三、ICT 制造业产品质量发展态势研判

（一）在质量结构、质量效益与质量品牌方面

从质量结构看，我国 ICT 制造业聚集在低端领域和部分中端市场，在低端产品过剩的同时，高质量、高附加值产品依赖进口。2020 年，中国质量敏感型产业占比为 26.93%，而美国为 34.30%、德国为 42.40%、日本为 40.38%、瑞士为 50.93%，可见我国质量结构相比发达国家还有差距。虽然我国经济自改革开放以来取得显著的进步，但 ICT 出口相对质量（而非绝对质量）有所下降。在我国出口的产品中，相对质量处于较低水平（仅为世界平均水平的 38%~52%），从而拉低了整体质量水平。

从质量效益看，我国企业普遍缺乏核心技术和质量竞争力，很难获得产品质量溢价，因而在生产要素利用效力、劳动生产率、出口单位价值等方面都有所滞后。当前，我国制造业增加值率比美国、日本、德国等发达国家低 10% 以上，并且这一差距没有明显缩小趋势；我国的制造业劳动生产率仅相当于美国、日本、德国、韩国 20 世纪 40 年代、70 年代、50 年

代、80 年代的水平。

从质量品牌看，一方面，自有品牌建设面临低端锁定。就中国出口供应商自有品牌发展主题进行的海外买家社群调查显示，选择拥有自主品牌的企业占比一直在提高。中国供应商自有品牌大多建立在"价廉物美"的基础上，高端品牌和高端产品比较欠缺，导致相应的品牌知名度和美誉度低下。另一方面，品牌升级在国际市场遇阻，我国企业逐步从供应链的低端走向中高端，这一发展趋势引起了欧洲、美国、日本等市场竞争者的关注，使得国际市场阻力越来越大。

（二）产业链关键核心产品可靠性

产业链关键核心产品"造得出、造不好"的问题突出，进而导致工业母机、高端芯片、基础元器件、基础材料等关键核心产品依赖进口，面临断供的潜在风险（见表 2.1）。

表 2.1　产业链关键核心产品情况

序号	领域	国内现状	国际先进水平
1	数控机床	整机平均故障间隔时间在 900h 左右	5 000h
2	高压柱塞泵	产品寿命为进口的 1/2，平均无故障运行时间低于 2 000h	8 000h 以上
3	农业机械	挖掘机平均故障间隔时间约为 500h，装载机约为 300h，叉车约为 270h	1 000~3 000h
4	高端铝合金焊丝	铝焊丝产品氢含量为 0.15 mL/100 g Al，晶粒度一般为 2~3 级	氢含量为 0.1mL/100gAl，晶粒度为 10 级

国产机器人在功能安全、电气关键零部件、信息安全、软件质量、操作系统等方面存在不少产品质量问题。西部地区建设的多个大型光伏电站、大量民用光伏系统陆续发现了严重的产品质量问题，部分系统超过半数的组件产品发电效率明显衰减。

在传感器领域，传感器阵列的功能稳定性、一致性不佳，多维力传感器产品的静态精度误差为 1%~2%、动态耦合误差为 5%~10%，不能满足用户需求。电力部门采用的进口传感器产品多年不需检修，而国内产品每季度需检修 1 次。高端传感器核心制造装备主要依靠进口，而自主研发的传感器产品，主要性能指标较进口产品相差 1~2 个数量级，使用寿命则相差 2~3 个数量级。轻质材料铝合金在交通车辆、国防装备等领域大量应用，但属于关键焊接材料的高端铝合金焊丝依赖进口。国产铝合金焊丝产品氢含量为 0.15 mL/100 g Al，而国际领先水平仅为 0.1 mL/100 g Al；国产焊丝晶粒度一般为 2~3 级，而进口焊丝的晶粒度达到 10 级。

(三) 产品安全性与消费者质量认可度

与国际先进水平相比，我国在产品质量安全标准和实物质量方面存在差距，导致消费者对中国制造质量缺乏信心与认同。在安全标准方面，部分领域法律法规和技术标准中有关安全、监管、环保的要求远远落后于市场需求。

在实物质量方面，轻工产品、电子电器、日用及纺织品等领域依然存在产品质量问题。

在消费者评价方面，2020 年全国市场监管部门共受理投诉 6.93×106 件，投诉问题中质量问题有 1.39×106 件（占比约为 20.09%），质量问题同比增长 202.7%（数据来源于国家市场监督管理总局网络交易监督管理司）。对产品质量的认知成为影响中国品牌总体认知的负面因素。在国家制造业指数方面，中国制造居全球第 49 名，高质量、高安全标准等维度的得分不高。此外，有信息显示阻碍海外受访者购买中国产品的原因主要在于产品质量不过关。

(四) ICT 制造业质量提升趋势

在科技和 ICT 制造业数字化转型的加持下，新挑战也在变革 ICT 制造业质量管理模式。与传统质量管理相比，新发展格局质量管理工作内涵并未发生本质性的改变，均是利用一系列技术、方法和工具，系统化开展质量策划、质量控制、质量保证和质量改进等活动，提升产品和服务质量。

数字化时代，企业边界日益模糊，也使得质量提升的关注焦点、管理范围、工具手段等方面发生改变，引发质量管理模式变革。

在关注焦点方面，传统质量管理主要面向工业时代相对稳定的发展环境，更多关注规模化生产中的质量问题；而质量管理数字化主要面向数字时代的不确定性需求，在关注规模化生产质量问题的同时，也更加关注对用户个性化、差异化需求的快速满足和高效响应。

在管理范围方面，传统质量管理更多的是针对企业、供应链范畴的质量管理。随着数字化的深入发展，企业边界日益模糊，质量管理的范围从企业质量向生态圈质量加速转变，由强调质量管理岗位分工、上下游质量责任分工转变为强调以客户为中心的质量协作，更加注重对产品全生命周期、产业链供应链乃至生态圈质量进行全面管理。

在工作手段方面，质量管理数字化在应用传统质量管理沉淀的方法、工具的基础上，进一步应用数字化智能化的设备装置、系统平台等技术条件，注重以客户为中心的流程优化重构与管理方式变革，充分挖掘数据在质量管理创新驱动作用，系统化提升企业质量管理数字化能力。

四、ICT 制造业产品质量发展问题剖析

（一）质量法治环境有待优化

对假冒伪劣产品的查处和打击缺乏震慑力，不合格产能无法退出市场，挤占优质产能发展空间。《2017 年欧盟打击假冒和盗版的情况报告》认为，中国产品出口面临的突出问题仍然是质量水平不高。保护消费者质量权益的意愿和力度不足，消费者促进质量发展的作用受到抑制。消费侵权不但立法不足，而且执法过于宽松，使得消费者的合法权益有时得不到维护。

在政策方面，产业和竞争政策中的质量调控不足。公共采购对优质发展的引领不足，质量在资源配置中的作用体现不够。在发达国家，政府和国防采购是重要的政策工具，如美国国防采购充分引入中小企业并且给予

合理的价格。我国的政府采购、国防采购、国企采购在社会资源分配中举足轻重，而质量在资源配置中的作用被忽视。中小企业质量投入不足，缺乏有核心竞争力的中小企业。发达国家为中小企业接受有关质量基础服务提供最多50%的资助，用于支持中小企业提高产品质量控制能力。相比之下，我国在制定产业、财政金融等政策以支持质量发展方面还有所不足。

在基础方面，质量基础设施布局滞后，质量基础设施能力与工业高质量发展不匹配，同时缺乏必要的人才和技能基础。质量在宏观上是一个经济特性，在微观上是一个技术特性，产品质量提升和产业质量升级需要各类人才特别是质量专业技术人才的支撑。质量发展依赖技术、装备、工艺，产业链上大、中、小企业的质量协同，但归根到底取决于人才的数量和质量。例如，超高精度产品的制造困难，根源在于缺乏理技结合的高素质人才。

（二）质量基础设施（QI）效能有待提升

2018年，联合国工业发展组织（UNIDO）发布的《质量政策——技术指南》给出了新的质量基础设施定义。与传统 QI 定义与内涵相比，其本质是富裕了质量基础设施两大作用，即市场管理与监督要素的两个方面：一是市场准入治理，二是市场行为的监督。实施主体：准入治理为国家市场监管部门，市场行为监督为公共或非营利性组织。

传统 QI 定义与内涵。2006年，联合国工业发展组织和国际标准化组织（ISO）正式提出质量基础设施概念，将计量、标准、合格评定（主要包含认证认可、检验检测）并称为质量基础的三大支柱。这也是我国业界对 QI 定义与内涵理解的误区。

2018年，10个国际机构：QI 是一个依赖于计量、标准化、认可、合格评定（检验、检测和认证）和市场管理与监督要素的体系，有机整体（与传统定义最大的区别）从监管政府向服务政府转变过程中，如何通过质量基础设施的市场机制，实现市场行为的管理与监督，是当前行业主管部门、质量监管部门乃至整个社会的核心关注（见表 2.2）。

表 2.2　新 QI 服务内容及实施主体

服务		描述	涉及主体
标准		正式文件（标准及其实施指南）的发布，通常经协调后制定，包含产品、工艺或服务应达到的标准。从根本上讲，标准具有非强制性制造商可选择是否使用这些标准，一旦合同中包含标准或是技术法规中涉及标准，执行标准就是合同相关方的一项法律义务	（1）国家标准机构 （2）行业标准机构 （3）标准制定组织 大部分国家标准机构为公共或非营利性机构。标准制定组织大部分为私营机构，但在很多国家不存在
合格评定	检验	检验产品设计、产品、工艺或安装或确定符合一般或特殊要求。通常，对装运货物进行检验（如进口检验），确保整个装运货物与检测样本一致	（1）进口检验机构 （2）通用检验机构 这些可能是公共或私营机构
	检测	根据标准要求来确定产品特征。测试可从无损检测（如 X 射线超声波、压力测试、电气等），变化到破坏性分析（如化学、机械物理、微生物等），或者两种方法兼而有之	（1）测试实验室 （2）病理学实验室 （3）环境实验室 这些可能是公共或私营机构
	认证	经过评价、测试、检验和评估之后，认证机构提供产品、服务过程、组织或个人等是否满足标准要求的正式证明	（1）产品认证组织 （2）体系认证组织 这些可能是公共或私营机构
计量		测量的科学。计量可细分为： （1）科学计量：最高层测量标准的制定和组织 （2）法律计量：确保测量的正确性。这些计量会影响到贸易、执法、健康和安全 （3）工业计量：行业、生产和测试国家计量研究院使用的测量仪器的满意功效	（1）校准实验室 （2）法定计量部门（LMD） NMI 大部分是公共部门。校准实验室有可能是公共或私营机构

服务	描述	涉及主体
认可	针对组织或个人提供合格评定服务的能力，提供独立认证的活动（如检测、检验或认证）	国家认可机构（NAB）这通常是公共或非营利性组织
市场管理与监督	针对市场准入和市场行为的监督与管理，提供保障市场运行的活动（如产品质量监督抽查）	国家市场监管部门，这通常是公共或非营利性组织

随着 QI 概念在相关领域的不断传播，ICT 制造业的区域质量基础设施、行业质量基础设施、企业质量基础设施等相继提出，共同构成 ICT 制造业的国家质量基础设施（NQI）体系。按内涵，其应提供全链条、全方位、全过程的质量基础设施综合服务。但根据解析法、统计法、仿真法、综合评价法等相关评估方法的测算，我国 ICT 制造业国家质量基础设施总体效能偏低，各要素间没有形成良好的运行模式。突出表现为以下方面。

一是跨行业、跨领域、跨学科质量基础设施匮乏，与市场需求匹配度偏低。

二是质量基础设施承担社会责任、可持续发展、公共安全的责任意识尚未建立。

三是区域、行业、企业质量基础设施竞争大于合作，甚至抵制。

四是尚未形成"创新"与"存量"质量基础设施建设模式。

(三) ICT 制造业企业间博弈失衡

从企业层面看，存在博弈力量失衡的问题，这存在两种情况。

第一种，高端 ICT 制造业（多为离散性制造业企业）的三大特征：一是供给市场的唯己主义，垄断优势忽略下游差异化需求；二是高端制造业之间是强竞争弱合作的态势，创新投入往往侧重设置技术壁垒，品牌走出国门受阻；三是属于供给市场模式，以高技术攫取高额利润，导致消费市场对产品的安全性和认可度并不高。从国家层面看，高端 ICT 制造业上、下游问题：一是 NQI 建设难以支撑高新产业发展；二是 NQI 市场监督职责没有很好履行；三是高端制造业企业的"链长"社会责任感、品牌意识等有待进一步提升。

第二种，中低端 ICT 制造业（多为流程型制造业企业）需求市场强挤压供给市场的生存空间，导致恶性传导：一是低端制造业企业内部内恶性竞争；二是生产空间的缩小，导致 ICT 制造业企业技术研发持续下降，产业创新和质量管理创新内生动力不足；三是需方市场导致流程型 ICT 制造业被迫牺牲质量换取生存空间，产品"合标不合用"。从国家层面看，高端 ICT 制造业上、下游问题：一是政府监管规制失衡，监管部门在产业和竞争政策中的质量调控措施不足；二是国家质量基础设施的自洽性有待提升；三是放管服背景下，国家质量基础设施未能辅助政府做好品控服务，市场监督效能偏低。

（四）质量战略执行力度不够

在认识上，重创新、轻质量，将质量改进等同于产品创新和技术创新。一些地方和企业将质量升级简单理解为淘汰纺织服装等传统产业，建设光伏、新能源汽车等新兴产业。按照传统思路低水平重复建设项目，不仅无法推动产业升级，还会造成新一轮产能过剩。对传统产业的选择性歧视政策，也使传统产业失去了利用先进制造技术进行转型升级的机遇。相比之下，发达国家积极利用技术演进和跨界融合推动传统产业转型升级，抢占产业发展未来制高点。事实上，先进制造业既可以利用先进技术开发新产品，也可以利用先进技术改造传统产品，进而实现制造业高质量发展。

在执行上，体制机制优势未能充分发挥。战略设计缺乏整体性，导致国家质量战略在执行层面上降级为部门战略，部门利益和信息缺失分散了质量战略的实施力量。在以科研机构为主导的创新体制下，科研机构与企业分离导致"产学研用"严重脱节，质量资源投入缺乏实用性、有效性和适应性，市场转化效率、质量资源使用效率均不高。此外，政策实施缺乏执行和核查机制，质量战略实施效果低于预期。

（五）微观层面的企业主体责任落实困难

倾向于将质量等同于符合国家标准。政府部门为了强化质量管理，在质量、安全、环境等方面确定了企业应该遵守的底线标准；许多企业将符合底线标准当成质量发展目标，进而导致产品的质量标准和用户的需求难以完全匹配。例如，某钢铁企业所有钢卷在出厂性能检测中都符合制造标准，但在用户的冲压过程中出现了批量开裂现象，原因是用户改进生产工艺后导致实际要求的质量标准提高，原先的钢卷供货标准已不能满足冲压要求，成为典型的供需标准错配、"合标不合用"质量问题。倾向于将质量管理等同于质量部门工作。许多企业将质量业务视作质量管理部门的事情，企业内部缺乏全流程质量管控机制和质量责任体系，而质量管理部门自身缺乏管理质量的资源和能力。中国质量协会调查显示，仅有21.9%的被调查企业，质量管理部门能够组织并监督其他同级部门落实质量要求。寻求长期利益却难舍短期利益。质量提升需要投入，还包括增加局部工序成本甚至牺牲前期的部分产量。但在短期利益与长期利益之间，企业经营决策者很难下决心取舍，在工作推进上患得患失，自然难以取得实质性进步。在"优胜劣汰"质量竞争环境不完善的背景下，企业更愿意追求短期套利，而不是专注于质的长期发展。"脱实向虚"使得企业更加重视短期利益，无法专注于具体领域的质量发展，伴生了质量发展技术、工艺、设备投入不足问题。局部改善无法弥补体系薄弱。质量提升是系统工程，如钢铁制造属于多变量的长流程生产，产品质量受到流程中各个环节和变量的影响。如果仅以应急的心态实施质量管理，企业往往疲于应付。尽管如此，只关注局部改善而忽视质量体系建设，仍是当前绝大多数企业的习惯性做法。

第六节 制造业产品质量提升的国际经验

一、国际智库机构的研判

在国际社会层面，含 ICT 制造业和学术界，已有研究成果主要从宏观和微观视角看待产品质量提升，具体影响质量提升的要素集中体现在国家的收入水平、企业生产率、生产要素分配，以及国家间政策的博弈等因素。

在国家宏观层面，收入水平越高的国家更为偏好高质量产品，而高质量产品市场需求倒逼高收入国家扩大相应产品生产，形成良性循环。此外，国际贸易（关税减免）也是影响产品质量水平的重要因素。

在制造企业微观层面，一是在生产要素禀赋方面，技术禀赋（含科研创新支撑）比劳动力禀赋在产品质量提升方面更具优势；二是企业生产效率的高低、工人技术水平的优劣；三是其他因素：关税减免、政府补贴等。

总体而言，目前国际社会普遍认为应该从国家宏观层面和企业微观层面看待产品质量提升的问题，具体影响质量提升的要求集中体现在国家的收入水平、企业生产率、生产要素分配，以及国家间政策的博弈等因素。本研究分析认为，智库机构倡导的质量提升可归结为"动力""能力"两个层面。我国应从"动力""能力"两个方面去提升 ICT 制造业的质量。其中，"动力"方面包括质量战略规划、质量基础设施、质量生态体系；"能力"方面包括质量先进技术研制、质量管理手段升级。

二、国际社会提升质量从"动力""能力"方面入手

主要发达国家制造业质量提升也面临和我国类似的问题。美国、德国、日本、韩国等，从政府层面解决的方式方法有所不同，但关注焦点有雷同，如普遍关注合规性（重点为可靠性），以及质量品牌、消费者体验。这也侧面印证前述质量的定义与内涵的准确性。

（一）美国实行独立监管和共同治理并行

一方面，美国质量提升策略呈现出风险驱动、独立监管和共同治理的三大特征；另一方面，基于质量安全的风险来驱动质量提升制度以及支撑服务体系的变迁与改进。

（二）德国注重法律、管理体系建设

一是德国产品质量信誉的背后，依靠的是发现质量问题后的召回制度，以及德国在加强出口产品安全管理方面所依赖的一整套管理机构、法律法规、行业标准以及质量认证等制度体系；二是完备的事前、事中、事后管理体系；三是重视人才和质量思维的培育。

（三）日本突出全体意识

一是日本质量政策中政府的恩威并施和善于动用全民力量的特征；二是质量监管的机构设置上实行的是官民结合的体制；三是质量竞争政策有效地引导和激励了企业参与市场竞争。

（四）韩国全员参与，用户第一

一是全员质量管理，重视消费者的安全和体验；二是质量保证体系认证工作采取国家统一管理制度；三是完善质量管理标准体系，强化质量监督；四是重视培训教育，强调奖惩制度。

三、国际经验总结

（一）以行业为载体，整合推进制造业质量政策的细化落实

为增强制造业产品质量竞争力，美国、德国、日本、韩国、印度等国都实施了质量战略并推行质量政策。

根据自身资源禀赋，合理确立质量发展的定位和标杆。在质量竞争中，各国通常根据自身发展需求确定质量发展的方向和追赶目标。日本在第二次世界大战后汲取了美国质量发展经验，借鉴了德国制造发展思路，形成了适合资源贫乏国家的制造业质量发展模式。

韩国自 20 世纪 90 年代以来将质量发展的目标确定为：在中高端领域缩小与日本的差距，在低端领域对中国形成质量壁垒，在汽车制造、电子信息等领域成为"专业型"制造质量强国。

德国一直将发展高质量、高附加值制造业作为质量发展目标，以匹配高工资、高福利的社会发展需求。

2014 年，印度提出了"印度制造"计划，明确了"零缺陷、零影响"的质量发展目标。

综合运用政策工具，推动质量政策在各行业落地。20 世纪 80 年代，美国为改善质量、提高生产力而颁布了《国家质量改进法案》，在国防领域推行"可靠性与维修性 2000 年行动计划"，在零部件领域实施《紧固件质量法》，面向中小企业实施"制造业拓展伙伴计划"。20 世纪 90 年代以来，韩国持续发布国家级质量经营基本计划，聚焦汽车、电子等产业开展"质量革新计划"，颁布《出口产品质量促进法》，实施以提高汽车品质为核心的 XC-5 项目。

2010 年以来，印度质量委员会响应印度制造"零缺陷、零影响"目标，建立和推行"零缺陷、零影响"认证（ZED）计划，提升中小型企业的质量发展水平。

日本实施《飞机零部件行业生产管理和质量保证指南》《中小企业进

入飞机行业——获取国际认证（Nadcap）指南》，筑牢飞机制造业的质量基础。

（二）推进质量管理与技术创新、产业布局的同步规划并一体化建设

技术创新、产业政策、质量管理分属不同部门管理，但各要素、各环节之间紧密相连。在产品创新和技术创新中，同步开展制造工艺和价值链管理。全球制造业发展具有新趋势，如产品的生命周期更短、设计和制造的复杂性增加、更高的定制要求、注重可持续性。

欧洲未来工厂研究协会重点关注产品创新与生产过程创新在产品全生命周期中的关系，确保制造系统能力遵循产品和材料路线图，实现可持续的高科技产品制造。在短期内，通过面向制造的设计来建立产品和生产过程创新之间的闭环；长远来看，论证产品部门的长期技术路线图并使其与生产技术路线图保持一致。

美国增材制造创新研究院在发布的技术领域和技术路线图中，将工艺、价值链列入 5 个影响最显著的技术领域，与设计、材料等同步推进。在产品创新和技术创新中，推动计量、标准、合格评定等要素的一体化建设。以美国为例，高度重视产业技术基础对先进制造业的支撑作用，在重要的产业发展规划中同步规划产业技术基础，提高批产成品质量，降低端到端的价值链成本，缩短新产品的上市时间。

（三）以数字化转型为切入点，推动质量管理与工业 4.0 深度融合

作为制造业数字化、网络化、智能化转型的重要课题，质量的数字化转型受到发达国家的普遍性重视。面向智能制造和供应链质量管理，建立质量信息联通和共享标准。在智能和数字制造时代，数据起着核心作用，创作、交换、处理产品的设计及制造数据是产业竞争力的重要方面。质量是智能制造的重要内容，质量数据的收集与流动则是实现智能制造和数字化质量管理的基础前提。美国 ANSI/QIF2015 标准提出了质量信息框架

（QIF）概念，利用智能制造先进技术，如基于模型的工程定义（MBD）技术、数字孪生技术、大数据技术等，解决制造业质量发展的基础性问题，为质量数字化赋能。QIF围绕质量测量方向，分为6个应用领域的信息模型，从系统角度确定了共同的信息要素并提供标准化的基础架构和技术，构建了从设计到测量的数据反馈机制，为智能制造的质量数字化提供了标准和工具。日本在《加强制造业的品质保证的措施》中明确提出，促进企业和供应链之间共享质量数据，同时制定一系列数据共享标准。在欧洲，汽车行业中的轮胎企业和上游供应商实现了品质数据共享，以此推动质量的追溯管理。面向数字化质量管理，开发普及新型质量管理技术和工具。在欧盟的资助下，研究人员开发制造业先进技术，用于飞机零件、机床等产品的零缺陷生产；涉及新型质量监控方法、零缺陷智能测量系统、零缺陷制造决策工具、自我学习系统等零缺陷技术。

（四）营造质量生态环境，增强制造业产品质量发展动力

质量是技术进步和管理优化的结果，也是责任意识提升的结果。激发全社会追求质量的动力，离不开良好的质量生态环境。建立科学的评价体系。美国对乳产品实施分级管理模式，将不同级别的奶源用于不同的产品，以质量分级引导加工企业将优质奶源与一般奶源差别化使用，促进奶业优质发展。

中国钢铁协会通过产线大数据建立的工序评价、质量遗传、价值函数等数学模型，进行分级规范后在中国石油化工集团有限公司、中国海洋石油集团有限公司、中国船舶集团有限公司等企业推广应用；2018年首批发布了容器用钢、海工用钢、造船用钢产品（涉及22条生产线）的质量能力分级排序，在钢铁产品质量分级制度建设方面进行了有益探索。资源配置向质量倾斜。

德国、日本等国也曾经历过生产要素和经济结构"脱实向虚"的困境，从而导致经济发展遭受较大冲击；当前则保持实体经济的核心地位，优化分配制度和资源配置，形成了全社会尊重质量、尊重制造的氛围，发

挥了制造业的经济结构"稳定器"作用。

印度在实施 ZED 计划过程中，鼓励质量发展行为，不但直接对参与计划的中小企业给予财政支持，而且赋予银行贷款、国防及政府采购机会。

第七节　发展对策与建议

2024 年 3 月 5 日，第十四届全国人民代表大会第二次会议上《政府工作报告》在"2024 年经济社会发展总体要求和政策取向"中提出，要"大力推进现代化产业体系建设，加快发展新质生产力""实施制造业重点产业链高质量发展行动"。"新质生产力"理念为新发展阶段制造业质量提升工作提供了重要指引，建议行业主管部门对标新质生产力，解决制造业企业质量提升面临的问题与瓶颈，不断推动制造业高质量发展。

一、多举措并举帮扶企业提升质量意识

一是组织开展多种形式的质量培训活动，支持行业组织开展质量技术经验交流、培训等活动，全面提升企业对质量重要性的认识。

二是依托专业机构开展质量诊断和改进服务、质量管理指导咨询服务等，实施专家"入企帮扶"行动，加强对重点行业和重点企业质量保障，开展质量帮扶，使企业真正享受到质量提供带来的红利。

三是持续开展制造业"三品"专项行动、质量管理数字化"深度行"行动、全国质量标杆示范等，激发企业提质增效的内生动力。

二、提高数字技术供给水平和应用效能

一是探索设立质量工程技术研发专项计划，引导企业加大质量投入，支持开展质量前沿和工程、质量管理等共性体术研发。

二是面向未来制造发展需求，开展质量技术预见，滚动发布质量技术演进路线图，帮扶企业提升质量一体化设计能力、关键过程质量控制能力等。

三是要帮扶制造业提升数字技术应用能力，推动企业实现全业务流程质量管理数字化、产品管控全过程质量数字化、供应链质量管理全链条数字化等，促进制造业全生命周期、全价值链、全产业链质量管理能力提升。

三、完善评估评价体系与宣传培训工作

一是建立制造业企业质量水平评价机制，制定制造业企业质量水平评价标准和评定制度，开展质量管理体系认证提升行动，改善提升制造业质量意识、质量管理能力和发展潜力。

二是探索建立质量管理体系有效性和成熟度评价机构，加大支持企业质量管理体系改进与升级力度。

三是加大 GB/T 19004、ISO 10014 等新先进标准和质量管理先进模式的宣传推广力度，开展质量管理指导咨询培训和帮扶活动，指导企业优化流程，提高质量管理体系运行质量，促进全过程全要素精细化管理。

四、夯实质量基础设施等产业技术基础

一是统筹并整合资源，减少重复建设，支持现有检验检测设备升级改造，充分发挥实验室、创新平台、公共服务平台对制造业质量提升的赋能作用。

二是在重点领域统筹布局和建设质量公共服务平台、质量标准试验验证基地、产业质量技术基础协同创新平台、数字化智能化检验检测创新服务平台。

三是支持中试基地、中试服务平台等多形式中试熟化能力建设，提升制造业中试性研发支撑能力的供给水平。

四是建立制造业质量信息公共服务平台，通过进行质量监控、质量预警和质量评价，有效满足制造业质量信息服务诉求。

五是鼓励各行业加强质量监督和行业自律，充分发挥检测认证在保障产品质量中的基础作用。

第三章

制造业质量提升的关键：
大数据应用

当前，新一轮科技革命和产业变革深入发展，数据要素与质量管理深度融合正在引发制造业质量理念、机制、实践发生深刻变革，数字生产力日益彰显出强大的增加动力，为制造业质量管理创新提供新机遇和新空间。2019年，工业和信息化部印发《关于促进制造业产品和服务质量提升的实施意见》，意见提出要支持建立质量信息数据库、推动数据等资源开放共享。2021年12月，我国印发《制造业质量管理数字化实施指南（试行）》，提出要"探索平台化数据共享服务""鼓励相关行业协会和龙头企业建设产品质量大数据公共服务平台"。2022年，党的二十大报告提出到2035年基本实现新型工业化，强调坚持把发展经济的着力点放在实体经济上，推进新型工业化，加快建设制造强国。2023年2月，中共中央、国务院印发《质量强国建设纲要》，提出要"提升质量基础设施服务效能"，再次强调要推动数据等资源开放共享，提高信息数据等服务能力。

现代工业设备、产品及系统十分复杂，仅依赖传统的质量管理手段很难对产品质量问题进行规避，很难实质性提升质量管理水平。在国家大力推进数字政府、数字中国建设和数字经济发展的背景下，需要进一步转变思维方式、创新质量管理工作模式，推动质量大数据资源整合共享和开发利用，释放质量大数据要素潜力，通过质量大数据分析决策，不断挖掘背后隐蔽的质量特征和关联关系，实现"靶向治病"，切实解决制造业企业质量管理能力升级和产品质量提升面临的问题和迫切需求，不断推动制造业高质量发展。

本章围绕制造业质量大数据"怎么汇集""怎么治理""怎么应用""怎么用好"四大核心问题，主要阐述了五方面内容：一是明晰质量大数据的概念定义、内涵特征、数据分类、数据来源、应用模式等；二是梳理我国国家相关部委、地方行业管理部门、典型行业组织和龙头企业等关于质量大数据的建设与应用经验，重点分析相关主体围绕质量大数据"怎么汇集""怎么治理""怎么应用""怎么用好"四大核心问题所开展的工作，从中分析可借鉴的经验；三是聚焦制造业质量行业管理部门职责，分析质量大数据建设与应用面临的挑战以及未来的发展趋势；四是分析了制造业质量大数据实施路径，并提出可落地的行动举措；五是提出保障制造业质量大数据应用成效的策略与建议，旨在为制造业企业用好质量大数据提供借鉴经验。

第一节　制造业质量大数据的基础理论研究

一、质量的概念与范畴

关于质量，国际很多专家学者有过论述，从对质量管理学科产生重大影响的质量界巨匠对质量的论断中，可以将质量的定义分为两类。

第一类，产品和服务特性符合给定的规格要求，通常是量化要求。此类观点的代表人物有克劳士比和田口玄一。克劳士比认为，质量是符合规定的要求；田口玄一则认为，质量是产品上市后给社会带来的损失。

第二类，产品和服务满足顾客期望。此类观点的代表人物有休哈特、朱兰、戴明、费根堡姆和石川馨。其中，被广为传播的定义是朱兰的适用性质量。朱兰认为产品质量是指产品的适用性，即适合使用的特性。而休哈特早在20世纪20年代就对质量有过精辟的表述，他认为质量兼有主观性的一面（顾客所期望的）和客观性的一面（独立于顾客期望的产品属性）。这类观点认为质量的一个重要衡量指标是一定售价下的价值：质量必须由可测量的量化特性来反映，必须把潜在顾客的需求转化为特定产品和服务的可度量的特性，以满足市场需要。

随着 ISO 9000 质量管理体系认证在企业的广泛应用，ISO 9000 关于质量的定义逐渐为越来越多的人所接受。在 ISO 9000：2000 中，质量被定义为一组固有特性满足要求的程度。在这个定义中，产品质量是指产品满足法律法规要求、标准要求以及顾客和其他相关方要求的程度。因此，质量对于企业的重要意义，可以从满足顾客要求，满足法律法规的重要性程度加以理解。其中顾客要求是产品存在的前提。"固有的"（其反义是"赋予的"）特性是指在某事或某物中本来就有的，尤其是永久的特性，包括产品的适用性、可信性、经济性、美观性和安全性等。

对于不同的产品来说，质量的内涵有所偏重，有的产品如易耗品不需要考虑可维修性的问题，有的产品如复印纸不需要考虑安全性的问题，有的产品如地下供热管道则无须过多考虑美观性的问题。从企业的角度来看，必须深入识别顾客对产品质量特性的关注重点，避免闭门造车，防止顾客关心的质量特性不足、顾客不重视的质量特性投入过多的情况发生。另外，企业还应注意理所当然（"固有的"）的质量特性与富有魅力（"赋予的"）的质量特性的区别。如果企业的产品仅仅具有理所当然的质量特性，则只能保证顾客不会不满意，但无法保证顾客满意；只有当产品具有富有魅力的质量特性时，产品才会有吸引力，企业才会赢得忠诚的顾客。如果企业满足于理所当然的质量特性表现，那么企业的质量管理工作就可能出现事倍功半甚至适得其反的效果。例如，我国某知名钟表制造企业在深陷亏损困境之时，其质量部门负责人仍坚持认为企业亏损的原因在于产品质量太好、产品太耐用才导致顾客需求不旺，殊不知，这位质量负责人所指的质量仅仅是理所当然质量的一个方面，这也造成企业无法吸引更多的顾客。但质量和富有魅力的质量特性并不是一成不变的，随着时间的推移和社会的进步，原来富有魅力的质量特性会逐渐变为理所当然的质量特性而不再具有吸引力。

例如，早在 1908 年，通用汽车公司的工程师们在皇家汽车俱乐部会员们的面前拆解了 3 辆凯迪拉克轿车，并把这些零件混在一起，而后从中选择零件重新组装成车，然后驾车绝尘而去。这令在场的会员极为震惊，认为凯迪拉克车质量之高令人惊叹。显然，在当时汽车零件具有互换性是一种了不起的质量特性，是一种富有魅力的质量特性，这也是福特公司的 N

型车和 T 型车取得辉煌成功的重要原因。然而时至今日，即使农用三轮车的零部件也具有极高的互换性，零部件的标准化和互换性已经是理所当然的事情，不再是吸引顾客的富有魅力的质量特性。因此，任何企业都不能一味抱着过去的成功模式不放，需要积极寻求并打造富有魅力的质量。

综合前述分析，本研究认为质量的概念与内涵可分为三个层面。

一是质量具有主观和客观两方面特性。由于质量具有主观性一面，因此使得质量的内涵非常丰富，并且随着顾客需求的变化而变化。主观性可根据特定的质量准则转化为可量化、可感观的客观指标，例如功能性能、合用性、可信性（可用性、可靠性、维修性）、安全性、环境适应性、经济性和美学。同样正是由于质量具有客观性一面，因此使得对质量进行科学的管理成了可能。

二是质量的定义随技术发展和竞争因素的变化而发展，遵循社会经济发展一般规律，其内涵从最初的"合规性（指示）"延伸至体现社会的"价值观"，即随着科技进步、消费升级，质量由满足功能、性能等客观指标，到提升客户体验等主观指标将成为必然趋势。

三是结合我国关于"大质量"理论，研究认为制造业因产品不同，质量关注焦点不同：部分关注质量的客观性，即产品质量的合规性；部分更侧重质量的主观性，即关注质量能否持续提升用户体验以及品牌价值，其背后蕴含的底层逻辑是质量管理能力的提升。

二、质量大数据的定义

对于大数据，目前还没有一个统一、权威的定义，较为普遍接受的观点是，大数据是指在一定时间范围内无法用常规软件工具进行捕捉、管理和处理的数据集合。国务院印发的《促进大数据发展行动纲要》指出，大数据具有容量大、类型多、存取速度快、应用价值高的特征，大数据价值的基本实现方式是数据分析和数据挖掘。

具体到制造业质量领域，一般认为，质量大数据是工业领域质量相关数据集的总称，是基于工业场景提出的概念，属于工业大数据的子集，其是从客户需求到研发、设计、工艺、制造、售后服务、运维等全生命周期各个环节所产生的各类质量管理和产品质量数据的总称。部分国际标准和我国相关的法律、法规、部门规章等均对质量数据内容作出规定，但侧重点有所不同。

（1）ISO 13485-2016 的 8.4 条规定了质量相关的 6 个方面数据：反馈；产品要求的符合性；过程和产品的特性和趋势，包括改进的机会，供方，审核，服务报告。

（2）ISO 9001-2015 的 9.1.3 条规定了质量相关的 7 个方面数据：产品和服务的符合性，顾客满意程度，质量管理体系的绩效和有效性，策划是否得到有效实施，应对风险和机遇所采取措施的有效性，外部供方的绩效，质量管理体系改进的需求。

（3）我国相关法律、法规、部门规章、标准体系等，主要关注 4 个方面数据：产品质量，不良事件，顾客反馈，质量管理体系运行有关的数据。

三、质量大数据的分类

不同视角下，质量大数据的内涵、边界和内容等不尽相同，这种差别造成了不同目的或不同需求下，关于质量大数据分类也不同。本书从政府指导制造业质量管理能力提升以及政府产品质量市场监管需求角度出发，将质量大数据分为制造业企业内部质量数据和外部质量数据。

（一）制造业企业内部质量数据

制造业企业内部的质量数据可进一步分为两大类型：第一类是与质量管理活动相关的数据；第二类是与产品质量相关的数据。

1. 质量管理数据

根据团体标准《制造业企业质量管理能力评估规范》给出的评估指标分析，制造业企业质量管理数据主要包括质量管理体系、质量管理手段、持续成功能力要素、质量绩效等与企业质量管理活动密切相关的数据。其中，质量管理体系、质量管理手段、持续成功能力要素等侧重质量管理的过程，是企业质量管理提升的关键因素，质量绩效则侧重结果，是企业通过实施质量管理活动所取得的效果。

2. 产品质量数据

狭义的产品质量数据是指工业产品的功能型质量、性能质量、可靠性质量、感官质量等数据，是产品符合相关法律、法规、部门规章、标准等要求或满足客户需求的数据。而广义的产品质量数据是指产品全生命周期质量数据，围绕产品各种质量要求（如功能型质量、性能质量、可靠性质量、感官质量等）在不同阶段（如研发设计、生产制造、使用运行、售后服务等）所产生的各类产品质量数据的总称，覆盖了人、机、料、法、环、测等多种要素。

（二）制造业企业外部质量数据

随着数字技术与制造业的深度融合，制造业企业的外部数据也是质量大数据不可忽视的来源。从信息产生、所有权归属的角度看，制造业外部的质量大数据主要有六大类来源。但由于信息来源、加工、归属不同，因此信息的质量、有效性、可信度不尽相同。

1. 产业链供应链数据

从整个制造业宏观角度看，质量大数据除包括单个制造业企业内部的质量管理数据和产品质量数据外，还包括其上下游企业构成的供应链，甚至包括整个产业生态圈的质量管理数据和产品质量数据，而一个制造业企业在供应链、产业生态圈中的位置决定了质量管理以及产品质量的侧重点。

2. 政府管理部门数据

政府管理部门数据主要涉及发改、工商、质监、工信、统计、商务、食药监、农业、卫生等部门的法律法规、规章制度、行政许可、行政执法、监督检查、国内外召回通报、信息、调查、统计分析等数据，这其中既有结构化数据，也有非结构化数据，其特点是数据质量和可靠性高。

3. 检验检测机构数据

检验检测机构数据主要包括各类检验检测机构中积累的制造业产品质量检验数据，这其中既包括各级政府部门委托的监督抽查、市场抽检、质量状况调查等检验检测数据，也包括企业委托检验数据以及司法部门委托的质量仲裁、司法鉴定等信息。

4. 社会团体组织数据

社会团体组织数据主要包括各行业协会、研究机构等社会团体组织，通过调查、检验、搜集、分析得出的有关产品质量信息、质量相关标准、比较试验信息等数据。

5. 销售企业/平台数据

销售企业/平台数据积累了大量的验货、消费者投诉信息。传统销售企业的这类信息比较分散，结构化程度低。近年来，快速发展的电商积累了大量质量信息，如天猫、亚马逊、京东商城、苏宁易购等。电商自身对此类信息的分析有明确的需求，实时性要求也高，此类信息较规范，易于统计分析。

6. 其他信息数据

经调研，以下五类也是质量数据的重要来源渠道。

一是官方媒体，包括国内官方媒体和国外官方媒体，国内官方媒体如央视网、人民网、新华网等；国外官方媒体，如美国国家道路交通安全管理局（NHTSA）、美国消费品安全管理委员会（CPSC）、欧盟健康与消费者保护总司的 RAPEX 通报系统、日本国土交通省、澳大利亚行业竞争和消费者委员会（ACCC）等负责产品安全与召回的官方媒体。

二是门户网站，如网易、搜狐、腾讯、新浪、百度等综合性互联网信息网站。

三是专业论坛，如太平洋汽车、车主之家、中关村在线等具有产品质量指向性和话题引导性的信息平台。

四是自媒体平台，如微博、微信、公众号等。

五是外部互联网，外部互联网还存在数量庞大的与质量相关的公开数据，如影响工业装备作业的气象环境数据、影响生产成本的法规数据、标准数据等。

四、质量大数据应用模式

结合赛宝智库发布的《质量大数据》报告研究已有的研究结论，本书在此基础上，进一步将我国质量大数据的应用场景总结为五类应用模式。

（一）面向政府市场管理的产品质量监督

聚焦制造业区域、行业等相关的全量/非全量产品质量数据应用，基于大数据和人工智能算法等技术，分析各类产品综合质量信息，面向市场监督管理部门等主体，提供全面精准的质量数据监测分析应用服务，包括但不限于测算质量竞争力指数、质量风险监测、质量舆情、产品信用管理、企业信用全景画像、品牌价值评价体系建设、产品质量比对、标准比对、质量风险图谱绘制、品类对比分析、品类同比分析等。

（二）面向政府行业管理的质量管理能力提升

聚焦制造业企业质量管理数据的应用，通过评估评测等方式，一方面，指导企业提高质量管理体系运行的有效性、提升质量管理数字化应用水平，激发企业改善的内生动力和可持续成功的能力，通过对企业质量绩效的定量评估，促进企业通过质量管理提升财务和经济效益，实现可持续健康发展。另一方面，通过质量管理数据分析，了解区域、行业等制造业整体质量管理水平状况，为政府行业管理部门颁布实施政策和开展行动计划等，提升制造业质量管理能力和产品质量水平。

（三）面向社会团体组织的产品质量生态圈建设

聚焦行业或区域产品质量数据生态圈建设，由具备平台化运行和社会化协作能力的社会团体组织等主体，联合生态圈合作伙伴共建产品质量大数据平台，实现生态圈产品质量数据智能获取、开发、在线交换和利用，进而构建产品质量共生新生态。一般来说，这种模式主要在政府的支持下，由相关行业协会、产业联盟等社会团体组织，依托资源优势或行业影响力，实现质量大数据的高效汇集与应用，为组织内部企业战略决策等提供数据支持，同时引导整个行业发展。

（四）面向龙头企业的质量生态圈建设和质量管理协同联动

细分领域龙头企业可通过串联供应链上下游企业，基于数字化产品模型和全生命周期产品质量信息追溯，以及各环节业务数据协同分析等手段，实现数据驱动的全价值链、全生命周期的质量策划、质量控制和质量改进。一方面，推动企业内及上下游企业间质量管理协同和联动，满足服务对象和各相关方的需求，促进供应链健康可持续发展；另一方面，有助于龙头企业输出自身的质量管理理念，促进产业链、价值链质量管理生态圈建设。

（五）面向企业的产品质量与质量管理循环反哺

一般由单个制造业企业汇集内部研发、生产、存储、运输、供应、销售、服务等环节的产品质量数据，通过大数据分析，用于质量设计、质量检验、质量控制、质量分析和质量改进，比较典型的应用场景包括但不限于以产品质量为导向的设计优化、以生产质量为导向的工艺优化的融合应用、以质量为导向的生产设备预测性维护等。此外，通过产业质量大数据分析结果，倒逼企业优化质量管理活动，提升企业质量管理的效率效益，进而反向促进产品质量提升。

第二节　我国质量大数据建设与应用实践经验

通过质量大数据的数据来源以及应用模式分析，从数据资源资产化、价值化等宏观角度看，制造业质量大数据应用的核心是能否解决好质量大数据"怎么汇集""怎么治理""怎么应用""怎么用好"四大问题。考虑到制造业质量大数据的建设与应用主体主要为国家相关部委、地方行业主管部门（各地工信、经信等部门）、社会团体组织、制造业企业等，因此本书聚焦分析这四类主体针对上述四大核心问题的经典做法，从中分析值得行业管理部门借鉴的经验。

一、国家相关部委

考虑到制造业质量大数据的建设与应用主体主要为市场监管部门，同时鉴于农产品质量大数据建设应用具有较强典型性代表性。因此，本书重点以制造业产品质量市场监管部门、农产品质量管理部门的做法为例，说明国家相关部委在质量大数据建设应用的经验。

市场监管部门负责组织和指导市场监管综合执法工作，以及负责监督管理市场秩序、宏观质量管理、产品质量安全监督管理等工作，是制造业产品质量监管的重要部门。根据市场监管部门的职责定位，市场监管部门更看重结果数据，也就是产品质量数据，即在质量大数据应用方面，市场监管部门主要围绕"产品质量大数据"，用于"面向政府市场管理的产品质量监督"。因此，本节除特殊说明外，质量大数据泛指"产品质量大数据"。

（一）质量大数据汇集应用平台建设情况

在国家层面，国家市场监督管理总局是制造业质量大数据重要的建设与应用主体。早在 2006 年，原质检总局就启动了金质工程（一期）建设，并逐步建立起"一网一库三系统"，即质检软硬件及网络平台、质检业务数据库群和质检业务监督管理系统、质检业务申报审批系统、质检信息服务系统，汇集了大量制造业产品质量相关数据。

在省级层面，目前我国大部分省级市场监督管理部门均建立了"提质强企"等服务平台，通过数字化手段提升了政府开展相关行动计划的效果。比如，上海市建设了质量发展与标准信息服务平台、陕西省建设了产品质量安全监督管理信息系统、山西省建设了产品质量技术帮扶公共服务平台等。

在地市层面，地市级市场监督管理部门也开始尝试建设质量大数据相关的平台，例如，浙江省嘉兴市建设了产品质量大数据运用中心，该中心实现了企业分类、产品风险分类的管理；河北省廊坊市建设了质量大数据可视化系统，该系统实现了质量状况分析、品牌价值评价；广东省深圳市建设了产品质量安全监测大数据系统，该系统实现了全天候、全地域、全类别、多主题、多维度、多层级的自动化实时监测产品质量，能够实时生成万字市场质量研报，并提供移动端质量分析交互简报等。

在县级层面，目前县级层面也在积极探索质量大数据平台建设，例如，浙江省宁海县搭建了学生文具危害因子评价数据库、文具行业共性问题信息库、文具玩具检测方法库等三大质量信息数据库，为文具产品质量监测和企业质量提升等提供了重要数据支撑。

（二）质量大数据应用经典做法

1. 关于质量大数据"怎么汇集"

市场监督管理部门主要采取了三方面特色做法，实现了制造业质量大数据资源的有效汇集。

一是以行政手段汇集本系统内质量相关数据。市场监督管理部门立足于本职工作，通过部署数据调查统计、数据统计直报等工作任务以及出台细分领域数据管理指导意见等方式，有效整合了市场监管领域质量相关数据。在国家层面，2023年国家市场监督管理总局印发了《关于加强计量数据管理和应用的指导意见》，提出探索建立计量数据管理应用和共建共享机制，鼓励支持各级市场监管部门开展计量数据信息归集，实现多源异构计量数据的高质量融合和汇聚。在地方层面，如黑龙江开展了全省检验检测服务业统计相关工作；安徽省池州市市场监管局开展了广告业统计调查工作等。

二是通过机制创新与相关部委实现数据高效共享。国家市场监督管理总局高度重视与国家相关部门的数据共享应用，截至2024年2月，已与中纪委、中央网信办、最高人民检察院、财政部、人力资源和社会保障部、国家能源局、中国人民银行等多家中央部门和单位建立了信息共享合作机制或备忘录，累计归集中央各部门涉企信息69.06亿条，推送企业基础信息1.01亿条，提供接口调用服务15.55亿次，通过让信息多跑路、数据多跑腿，减轻企业负担，切实提升了监管效能。值得说明的是，国家市场监管总局采用了提供衍生数据咨询服务的模式，极大激发了各主体数据共享的积极性和意愿。比如，国家市场监督管理总局利用质量大数据，为国家能源局开展资质许可、信息公示、信用评价、行业监管、分析预警等工作提供数据支撑，并协助其编制信用报告、信用惩戒对象统计分析月度报告、能源企业信用状况系统评价报告等，切实解决了国家能源局的核心业务诉求。

三是通过成立质量信息共享联盟方式推动信息公开、透明共享。早在2015年，国家市场监督管理总局就联合阿里巴巴、京东等主流平台，发起成立了全国电子商务产品质量信息共享联盟，组织骨干电商企业共同签署质量诚信宣言，建立了"帮、打、促"的电子商务产品质量提升机制。目前，联盟已汇集上百家成员单位的质量信息，逐步构建起了"一处失信，处处受限"的共治格局。同时，联盟通过对历年积累的风险监测、监督抽查、执法摸排等质量数据进行汇总整理和初步清洗，定期发布质量数据分析报告。

四是尝试利用新一代信息技术促进质量数据共享。目前，国家市场监督管理总局开始尝试利用区块链和分布式记账等技术促进数据共享，虽未有专项实施方案，但已批准发布了一批区块链和分布式记账技术标准，对于促进质量数据共享具有重要意义。从技术角度看，利用区块链激励机制促进数据共享是很好的尝试。

2. 关于质量大数据"怎么治理"

市场监督管理部门总体遵循通过打造业务和技术两个闭环，以业务协同化和应用场景化倒逼数据治理和数据全生命周期管理标准化。

一是以实施重点领域数据治理专项行动为关键措施提升数据质量。例如，2019年，国家市场监督管理总局印发了《市场主体登记数据质量建设实施方案》的通知，通知明确要有序推进总局三年数据质量建设工作，要夯实全面深化商事制度改革的数据基础，提升全系统市场主体数据质量。同时，规定总局对汇集数据进行监测分析，定期发布数据质量情况报告和数据分析报告，并要求各地要出台相关数据质量评价标准、数据质量监测机制和技术手段。2023年，我国印发了《关于开展企业信用监管数据质量全面提升行动的通知》，通知要求从数据的完整性、规范性、冗余性、关联性、准确性、及时性、全面性7个维度进行信用监管数据自查整改提升，并着手推进信息公示、信息归集、信息共享、信息应用、信用修复等各领域数据标准的制修订工作，同时完善信用监管业务规则，细化相关信息产生、归集、记名、共享的具体要求，强化业务规则与技术规则的相互衔接。此外，国家市场监督管理总局同步配套制发《企业信用监管数据质量标准及评分规则（试行）》，组建了总局数据质量和数据分析专家咨询组，并在6个地方开展个体工商户数据质量提升试点。

二是出台相关标准强化质量大数据治理顶层设计。在国家层面，国家市场监督管理总局出台了《市场主体准入退出数据规范》《"多证合一"改革信息化数据规范》《注销便利化工作数据规范》等数据治理标准；在地方层面，2023年，湖北省市场监督管理局批准发布了《市场监管协同执法办案系统数据规范》等地方标准，该标准规定了湖北省市场监管协同执法办案系统及其子系统的开发建设，以及相关业务信息的采集、处理、交换与共享，所需要遵循的数据指标体系，包括指标项的名称、字段名、数据类型及格式、指标项所使用代码的标识等；浙江省宁波市市场监管局批准发布了《行政执法监督数据元规范》，该标准规定了行政执法监督数据元的表示方法，确定了43个业务分类标识，规定了数据元新增与变更的要求，并给出了581项数据元的详细描述，适用于行政执法及其监督信息数据元的编制、采集、扩展和应用；广东省质量技术监督局制定了DB44/T 1956-2016《电子商务产品质量信息规范家用电器》。此外，各级市场监督部门在其他相关标准中，也对质量数据作出相关治理要求，如广东省佛山市在DB4406/T 15-2022《制造业行业质量共治实施指南》中对数据信息来源等作出了规定；深圳市颁布了《深圳质量指数分类编制指引制度（暂行）》。

三是以业务信息系统建设为抓手推动数据治理工作开展。在国家层面，国家市场监督管理总局依托全国市场监管行政执法办案辅助系统建设，实现了对全国执法数据归集、整理和分类，并通过建设全国执法数据库，统一了数据相关标准和业务规范。在地方层面，各省也在积极探索利用信息化带动质量数据治理工作，例如，江苏省市场监管局坚持以数据为核心，通过数据归集推动系统整合，并通过系统整合促进业务协同和数据标准化。目前，江苏省已完成市场监管数据资源目录梳理、数据标准规范编制、系统建设方案编制等工作。广西壮族自治区市场监管局通过开展数据中心云资源池和SDN网络池建设，完成了3个数据中心整合，统一了数据入湖标准规范。目前，已汇集约13T（1T＝1 024G）市场监管执法数据，完成了470项政务数据和91项公共数据资源目录挂载。广东省依托特种设备电子监管系统编制了数据元、数据共享目录体系、主要数据项接口、信息分类编码等地方标准。

四是以新一代信息技术为手段实施数据质量监测。以市场监督管理部门信用监管数据质量提升工作为例，国家市场监督总局提出要强化数据标准执行，健全信息录入的校验机制，强化企业填报信息完整性与逻辑性的审核提示，提高归集信息的全面性。同时，提出要建设企业信用监管数据质量监测系统，实现数据质量自动化、智能化、常态化监测。此外，国家市场监督管理总局鼓励各地探索应用大数据、云计算等新技术，进一步加大数据质量监测力度。

3. 关于质量大数据"怎么应用"

由前所述，市场监管部门作为制造业产品质量监管的重要部门，在关于质量大数据"怎么应用"方面，主要围绕"产品质量大数据"，用于"面向政府市场管理的产品质量监督"。

项目组通过对国家市场监督管理总局，以及甘肃、河南、云南、广东等地市场监督部门的分析，认为目前我国各级监督管理部门在建设应用质量大数据方面已开展多年，质量大数据分析结果已广泛应用于支撑市场监管部门测算质量竞争力指数，监测质量风险，绘制质量风险图谱，开展品牌价值评价、产品质量比对、标准比对、品类对比、品类同比，发布质量舆情、产品信用管理、企业信用全景画像等工作，积累了大量值得借鉴的经验。例如，云南省昆明市利用质量在线平台开展质量大数据应用，实现了一个标准编号通行、一个产品名称通办、一台设备名称通查；广东省河源市利用质量大数据实现了质量安全动态监管、质量风险预警、突发事件应对、质量信用管理等；浙江省杭州市利用质量大数据定期/不定期发布电子商务产品质量大数据分析报告、网络舆情报告、电商产品质量治理白皮书等，对制造业行业起到了很强的激励与鞭策作用。

4. 关于质量大数据"怎么用好"

一是通过政策叠加联动，释放"质量大数据×"效应。市场监督管理部门高度重视注重质量大数据与质量技术、质量管理、质量品牌、质量基础设施等政策的协同叠加效应，如在《关于质量基础设施助力产业链供应链质量联动提升的指导意见》提出，要加强大数据分析，从质量技术、质量管理、质量品牌、质量基础设施等方面，识别和剖析关键质量问题，分级分类形成质量问题清单，绘制质量图谱；在《质量技术帮扶"提质强企"三年行动方案（2021—2023 年）》中提出，要开展产品质量大数据分析，构建产品质量风险图谱，精准开展质量技术帮扶，建立企业产品质量档案库等。在本质上，市场监督管理部门通过政策联动，已初步达到了"质量大数据×"效果。

二是利用"乘数效应"正向激励措施，从机制和宣传上推动质量大数据应用。一方面，目前市场监督管理部门虽未针对质量大数据开展典型案例、优秀案例征集等专项活动，但在其他活动中开辟了质量大数据专项赛道，从机制上理顺了正向激励措施。例如，《关于征集数字化质量管理创新与实践案例的通知》提出要征集面向全产业链的质量协同和社会化协作的质量生态建设案例，其中共建质量管理平台，加强质量生态数据的收集整理、共享流通和开发利用，构建客户导向、数据驱动、生态共赢的质量管理体系和商业模式等均是重要方向。另一方面，市场监督管理部门注重在宣传上深挖、以点带面。例如，对征集的先进典型并不是一评了之，而是在评定后选择有代表性的先进典型进行事迹的深挖掘和精包装，并通过中国质量网等渠道开展广泛深入持久地进行宣传报道。

三是以"指数评级"构建结构性压力，提高制造业质量的感知度。通过调研分析，项目组总体认为市场监督管理部门主要利用质量大数据开展"评级比较"，建构了结构性压力，并以"决策工具"的身份动员和刺激制造业企业关于质量的感知度和竞争。典型的措施包括定期/不定期发布市场主体、产品、区域等风险多维度评价，质量竞争力指数，消费者舆情通报等。

二、农产品质量管理部门

农产品质量管理部门主要负责农产品质量安全监督管理，以及组织开展农产品质量安全监测、追溯、风险评估，参与制定农产品质量安全国家标准并会同有关部门组织实施，指导农业检验检测体系建设等。根据农产品质量管理部门的职责定位，在农产品质量大数据应用方面，农产品质量管理部门主要围绕"产品质量大数据"，用于"面向政府市场管理的产品质量监督"以及围绕"质量管理大数据"，用于"面向政府行业管理的质量管理能力提升"。

（一）质量大数据汇集应用平台建设情况

在国家层面，农业农村部聚焦本职工作，建设了多个相关的信息化系统平台，如建设了农业农村大数据平台，该平台正在加速成为全国涉农数据"汇、查、看、用"的重要载体，通过数据的汇聚、分析和应用，为政府、社会、市场提供可感可及的数字化服务；建设了国家农产品质量安全追溯管理信息平台，该平台是农产品质量安全智慧监管和国家电子政务建设的重要内容，包括追溯、监管、监测、执法四大系统、指挥调度中心和国家农产品质量安全监管追溯信息网，其以"提升政府智慧监管能力，规范主体生产经营行为，增强社会公众消费信心"为宗旨，为各级农产品质量安全监管机构、检测机构、执法机构以及广大农产品生产经营者、社会公众提供信息化服务。目前该平台已全面推广运行，部省两级实现了有效对接。此外，农业农村部正在建设的信息化平台还有中国农业统计数据管理系统、农产品质量安全风险评估大数据平台、农产品质量安全综合监管平台、农产品品质成分数据库及应用平台等。

在地方层面，目前各省农产品质量管理部门均高度重视质量大数据相关平台建设。例如，江苏省建设了"苏农云"，该平台建设有农产品质量板块以及相关业务应用模块，并加强了与农业生产基本信息、农业投入品监管、诚信体系管理、执法监管、舆情监测、标准信息应用等信息系统的互联互通支持力度，推动实现了农产品质量安全监管、检测、追溯、执法、投入品、诚信、认证、标准化等核心业务信息化管理和大数据应用。此外，江苏省建设的农产品质量追溯平台，已与市、县监管信息平台实现对接，初步实现了全省农产品质量安全监管和追溯信息互联互通。再如，湖南省建立了建立品种测试、种子检验、质量认证、信息服务等监管服务平台。

（二）质量大数据应用经典做法

1. 关于质量大数据"怎么汇集"

一是以统计调查等规章制度汇集农产品质量大数据，并以考核的方式强化执行力。为加强和规范农业综合统计调查工作，保证农业综合统计调查数据的真实性、准确性和时效性，早在农业部时期就印发了《农业综合统计报表制度》《主要农产品及农用生产资料价格报表制度》《农产品成本调查》等文件，并建立了30多条信息采集渠道，基本实现了省、市、县、乡四级行政网络基本覆盖。此外，农业农村部还对统计调查相关工作进行定期考核，对各地统计调查工作进行考核通报。2024年，农业农村部进一步出台了《农业农村部门统计工作管理办法》，加强和规范了全国农业农村领域的统计工作，提高统计数据质量，同时延续农业部时期的考核做法，对统计工作实施奖惩机制，保障了统计工作的高效运作。

二是成立相关产业联盟，促进信息与数据资源共享。2015年，原农业部信息中心联合全国31家省级农业信息中心共同发起成立了全国农业信息化联盟。该联盟旨在围绕促进全国农业信息化工作，建立政产学研沟通、交流、协同工作机制，统筹规划共建共享，深化合作。该联盟成立当年会员单位就超过了2500家，极大地促进了农业产品信息资源共享，形成了发展合力，为当前农产品质量大数据建设应用夯实了资源基础。

三是积极推动建立协同机制，促进信息与资源共享。一方面，大力整合农业农村部门内部各类统计报表、各类数据调查样本和调查结果、利用遥感等现代信息技术手段获取的数据、各类政府网站形成的文件资料、政府购买的商业性数据等内部数据资源，统一数据管理，规范和促进了农业农村部各司局及所属各单位之间的信息资源共享；另一方面，推动与国家自然资源、财政、气象、水利、省级农业农村等部门以及保险、金融等机构建立数据资源共享机制。此外，指导和推动地方农业农村部门与其他机构建立数据资源共享机制。例如，2017年，指导京津冀三地农业农村部门签署了京津冀农产品质量安全协同监管框架协议，三方商定京津冀建立检测信息共享机制，实现农产品质量安全检测结果互认。再如，指导长三角三省一市农业农村厅探索推动一市三省建立行政处罚信息数据共享机制。

四是以信息化平台带动央地间、区域内数据共享。例如，农业农村部组织制定了《省级追溯平台与国家追溯平台对接总体实施方案》，极大加快推进了省级追溯平台与国家农产品质量安全追溯管理信息平台互联互通。再如，2024 年中央一号文件特别强调鼓励有条件的省份统筹建设区域性大数据平台，并加强农业生产经营、农村社会管理等涉农信息协同共享。目前，山东省农业农村厅已充分利用"共享交换+大数据"技术，构建了"智慧农业云平台"，打通了各类农业信息资源孤岛，汇聚全省涉农数据，有效解决了山东省农业数据资源获取难、整合难、应用难等突出问题。

2. 关于质量大数据"怎么治理"

农产品质量管理部门主要采用五种方式推动农产品质量大数据的高效治理。

一是成立数据标准化技术委员会全面指导质量大数据治理工作。为加强农业农村数据领域标准化工作，建立健全相关标准体系，2023 年 7 月农业农村部成立了由 42 名委员组成数据标准化技术委员会（以下简称数标委）。根据公开信息，数标委聚焦农业农村现代化建设迫切需求，明确思路举措，加速数据汇聚、流通、应用，充分发挥数据要素乘数效应，全面指导农业农村数据标准化水平提升。

二是明确农业数据标准化工作的短中长期工作任务和时间计划。目前，农业农村部已经编制完成了数据标准体系框架及明细表、5 年标准建设规划等文件。短期内数标委的重点任务是：要重点解决数据质量、传输协议、数据接口不统一等实际问题；要做好与部内相关标委会、国家数据标准体系以及国际标准的衔接工作；要充分发挥自身优势，推动标准数字化，赋能标准化工作全过程。

三是以规章制度实现数据治理工作，进而保障数据质量。在国家层面，农业农村部颁布了《农产品质量安全信息采集与归集管理规范（试行）》《农产品质量安全追溯数据接口规范（试行）》《农产品追溯优品登记和产地追溯信息验证管理规范》等。在地方层面，如广东省颁布了《食用农产品质量管理数据标准》、湖南省印发了《县域农产品质量安全追溯和农产品"身份证"管理体系建设规范》、江苏省印发了《江苏省农业农村大数据安全管理规范》、江西省印发了《全省农产品质量安全大数据智慧监管工作方案》等，这些制度规范对数据治理都作出了要求，并与国家层面管理规范形成了联动效应。

四是重视基础通用标准和产业共性技术标准化工作，推动实现农产品质量数据的治理工作。在国家层面，农业农村部已颁布《农作物品种数字化管理数据描述规范》以及《农产品质量安全追溯管理专用术语》等 11 项标准规范和《农产品质量安全信息化追溯管理办法（试行）》及 5 项配套管理制度，基本形成了较为统一的农产品数据标准规范管理体系。目前，农业农村部正在公开征集《农业农村大数据质量评价指标体系》《农业农村数据共享和交换技术规范》《农业农村数据分类分级指南》《农业农村大数据应用场景接入规范》等农业行业标准参编单位，并对《农业农村数据标准编制规范》《农业农村大数据术语》《农业农村大数据主数据规范》《农业农村数据采集规范》《农业物联网应用平台数据要求》等标准实施"揭榜挂帅"。在地方层面，如山东省实施了《农业大数据标准体系》《农业大数据　数据处理流程规范》《农业大数据　基础数据元》《农业大数据　基础代码集》，河南省颁布了《农产品质量安全追溯信息编码与标识规范》等。

五是以数字化平台建设为契机带动数据治理工作。比如，农业农村部在《关于全面推广应用国家农产品质量安全追溯管理信息平台的通知》中，要求健全数据规范，实现数据互通，确保平台稳定，并在《国家农产品质量安全追溯管理信息平台运行技术指南（试行）》中提出要通过人工审核、数据比对、数据复检等方式对采集的各项数据进行验证，提升数据真实性。此外，通过部—省平台互联互通，带动全国农产品质量管理数据、农产品质量数据的治理工作。

3. 关于质量大数据"怎么应用"

在"产品质量大数据"方面，农业农村部以及地方农业管理部门已将农产品质量大数据广泛应用于农产品质量安全舆情监测、农产品质量安全舆情风险综合指数、风险分析、消费维权舆情、经济运行报告、农产品评价、质量分级、质量安全信用分级分类、预警农事行为、品牌建设等重点领域工作。

在"质量管理大数据"应用方面，农业农村部建设的农产品质量追溯体系已经由最初的追溯体系提升到全面质量管理系统，这类信息系统或平台归纳起来主要是支撑开展两方面重点工作：一方面，用于农产品质量提升，主要围绕质量提升，加强技术创新，推进标准化生产，加强全程质量监管，把农产品质量提升落到每一项生产管理活动中去；另一方面，实现全面质量管理，目的是运用信息化手段支撑农业高质量发展，主要体现为，对生产经营主体企业而言，平台是实施全面质量管理、提升产品质量的工作载体，是构建农业高质量发展生态链的有力支撑。对管理部门和质检机构而言，平台是加强农产品质量内部监管的有效途径，是发挥农垦组织优势的有效手段。对经销商、消费者而言，平台是展示农垦优质产品重要窗口，是促进交流合作重要媒介。

通过上述分析，可以看出农产品全面质量管理与农产品质量提升两方面工作并不是相互割裂的，彼此之间是相互结合的关系，这也充分体现了高质量农产品是"生产出来的"，也是"管出来"的。

4. 关于质量大数据"怎么用好"

一是成立农业农村部大数据发展中心，专职推动农产品质量大数据的汇集应用。根据官方网站信息，农业农村部大数据发展中心的功能定位：推进数据整合汇聚，构建农业农村大数据平台；强化数据分析挖掘，精准服务决策管理；建立开放共享机制，盘活农业农村数据资源。在农产品质量大数据方面，大数据发展中心已开始面向社会提供公益性数据服务。

二是加快推动全国农业农村大数据协同创新体系建设。农业农村部为加快推动全国农业农村大数据协同创新体系建设工作，强化大数据新型生产要素和新质生产力的赋能作用，开始面向社会广泛征集、展示发布安全可靠数字化应用软件系统，旨在促进大数据应用软件的优选复用，有效降低地方农业农村部门在系统开发的投入，目前已逐步形成了数据资源应用"一地创新、全国推广、各地选用"的数字化创新与推广格局。

三是重视硬平台互联互通的数据共享支撑能力建设。为推动农业农村大数据共享，农业农村部大数据发展中心以农业农村用地"一张图"和乡村发展动态数据库为切入口，形成了"一个平台基座、一个关联通码、一个应用端口、一个云服务平台、一套数据标准"的协同推进体系，推动数据支撑政府部门科学决策，解决农业生产和农民生活需求，为政府、社会、市场提供了可感可及的农业农村数据服务。

（三）其他国家部门

通过调研教育部、应急管理部、商务部、自然资源部、文化和旅游部等国家部委关于"质量"数据的汇集、治理、应用等情况，本书综合分析认为其他国家部委在质量大数据建设应用方面基本与市场监督管理部门、农产品质量管理部门类似，无其他较为典型做法，因此不再赘述。

三、制造业行业管理部门

我国工业和信息化部以及地方工信、经信部门在制造业领域更多的是承担指导行业健康稳定发展责任，主要包括监测分析地方制造业运行态势，编制行业规划、计划和产业政策促进行业（经济）发展，组织实施行业技术规范和标准，以及指导行业质量管理工作。因此，在关于质量大数据应用方面，行业管理部门除了围绕"产品质量大数据"用于监测制造业运行状态外，还聚焦"质量管理大数据"，用于指导制造业质量管理能力的提升。因此，本节质量大数据在泛指"产品质量大数据"的基础上，对"质量管理大数据"将予以特别说明。

通过重点梳理并分析工业和信息化部，以及广东、江苏、山东、浙江、福建、河北、安徽、四川、河南、湖北前 10 大工业省份工信厅、经信委等部门发布的制造强省实施意见、制造业"十四五"发展规划、智能制造规划、质量管理数字化以及工业质量提升和品牌建设工作计划等文件，查询了工业和信息化部和 10 个省份的工信厅、经信委等近三年围绕制造业开展的行动等，本书综合分析认为，在地方层面，广东省作为我国工业第一大省，在质量大数据领域的实践显著优于其他省份，因此本书主要以观察广东省工业和信息化厅为例，兼顾其他省份，说明地方工信厅、经信委等行业管理部门在质量大数据方面取得的经验，以期对工业和信息化部重点工作安排提供参考。

（一）质量大数据汇集应用平台建设情况

根据公开数据及调研数据，我国地方工信、经信部门多以"工业质量品牌建设""制造业高质量发展""质量管理数字化""质量提升""可靠性"等工作为入口，同步推动质量大数据建设与应用。

经调研，在质量大数据信息化建设方面，针对"质量管理大数据"，在工业和信息化部科技司的指导下，第三方机构建设了全国统一的制造业企业质量管理能力评估平台，为各地行业管理部门开展制造业质量管理等相关工作提供了技术手段。针对"产品质量大数据"，国家及各地制造业主管部门均未直接建立专门的制造业产品质量大数据平台，多依托其他功能相近平台实现。综合分析认为，目前地方制造业行业管理部门主要采用四种方式实现产品质量大数据的汇集与应用。

一是依托第三方机构建设的制造业企业质量管理能力评估平台（MEQMC），汇集本地区制造业"质量管理大数据"。MEQMC平台具备展示行业动态、政策新闻、通知公告、MEQMC证书发证及查询，提供企业在线自评估、在线MEQMC评估流程管理模块的功能。需要说明的是，地方行业管理部门主要应用该平台支撑自身工作的开展，而非自行建设。

二是依托工业互联网平台、智能制造公共技术支撑平台、数字工信平台等作为产品质量大数据的汇集与应用平台。具体来看，多为依托工业互联网平台推动产业链上下游企业实现系统和数据对接，构建跨界融合的数据资源体系，以此推动大中小企业融通发展，这也是大多数地方工信、经信部门普遍采用的做法。例如，广东省以工业互联网平台作为工业大数据的"连通器"，支持鼓励工业互联网平台不断开放平台数据等基础资源，并逐步推动大数据在质量品牌领域的广泛应用；河南省在《河南省智能制造和工业互联网发展三年行动计划（2018—2020年）》政策的支持下，已支持建成了近百个各类工业互联网平台，基本形成覆盖制造业重点行业的工业互联网平台体系。在深化工业大数据融合创新应用方面，在河南省工信厅的支持和鼓励下，河南省智能制造标杆企业产品质量合格率平均提升了13.6%。

三是探索建立综合性或专业领域的产品质量大数据公共服务平台。例如，广东省工信厅建立了制造业高质量发展大数据平台和重点产业链数字化图谱，主要用于制造业高质量发展综合评价和推进成果应用；又如，广东省在2023年时提出要探索建立广东省消费品质量追溯公共服务平台，搭建行业产品质量信息溯源平台。此外，广东省还建立了重要消费品安全标准与技术法规动态比对数据库、消费品质量安全数据库、诚信企业数据库等。其他省份，如河南省工信厅提出要支持生产性服务业企业搭建面向服务型制造的专业服务平台、综合服务平台和共性技术平台，为制造业企业提供专业化、定制化服务。

四是对接市场监督管理系统内的产品质量大数据平台，借力使用第三方平台的数据分析结果。例如，广东省工信部门除了应用工业互联网平台外，还对接广东省质量检验协会的"产品质量大数据平台"，依托该平台质量大数据分析结果，指导本辖区制造业质量提升工作。

在上述方式中，制造业企业质量管理能力评估平台主要汇集制造业"质量管理大数据"，侧重利用质量管理工作的过程数据，引导和指导制造业企业质量管理能力提升。其他平台主要汇集制造业"产品质量大数据"，更侧重产品质量结果数据的应用。

（二）质量大数据应用经典做法

1. 关于质量大数据"怎么汇集"

一是以评估专项行动为抓手汇集"质量管理大数据"。经过调研，目前全国30个省份的制造业企业依托质量管理能力评估平台实施了管理能力自评估。部分地区如宁夏 2024 年专门出台了制造业企业质量管理能力评价工作实施方案，计划有序组织一批制造业企业开展质量管理能力评价。此外，广东、湖北、福建、辽宁、浙江、上海、天津、新疆等地方行业主管部门也在积极组织开展制造业企业质量管理能力评估贯标培训工作。目前，该平台已汇集了一定规模的"质量管理大数据"。未来，随着质量管理能力评价活动的推进，数据规模有望持续扩大。

二是以报送数据机制形式统计制造业质量相关的数据。例如，广东省工业和信息化厅在 2023 年实施了电子信息制造业统计年报制度，并在 2024 年升级为定期（按月）统计报表报送机制。这也是其他省份较为常见的做法。

三是以立法形式畅通跨行业领域的质量数据。根据公开信息，自 2017 年以来，广东省工信厅通过第三方工具汇聚了与制造业密切相关的 13 类海量数据，运用大数据方法构建了一套全新的制造业发展评价体系，开创了制造业监测预警的新路径，有效支撑了工业经济决策。2024 年，广东省将汇集跨行业领域质量数据上升为法律层面。具体来看，2024 年出台《广东省制造业高质量发展促进条例》，条例规定广东省人民政府工业和信息化主管部门、政务服务和数据管理部门应当会同有关部门建立制造业信息平台，实现制造业、生产性服务业等行业数据互通。

四是以生态合作伙伴等形式汇集产业链供应链质量大数据。一方面，广东省工信厅重视龙头企业的虹吸效应，如《广东省制造业数字化转型实施方案及若干政策措施的通知》提出要支持行业龙头骨干企业针对研发设计、生产管理、质量检测、供应链管理等环节实施数字化转型，推动系统集成互通和数据分析应用。又如，广东省创新探索"链式改造"模式，通过龙头企业带动中小企业，推动产业链供应链整体数字化转型以此汇集产业链质量数据。另一方面，广东省工信厅鼓励产业链上下游企业结成伙伴关系，如实施了智能制造生态合作伙伴行动计划，很大程度上便利了制造业质量大数据流通应用，赋能工业产品的质量提升。

五是以推动制造业企业、特色产业集群数字化转型，促进质量大数据汇聚应用。一方面，支持企业数字化转型及改造，推动企业上云，以此打通设备间、系统间、企业间、区域间数据孤岛，提高资源综合配置效率。另一方面，支持特色产业集群产业链协同创新试点，依托大型龙头制造企业，向产业集群企业输出数字化解决方案，促进集群企业间数据交互、共享和集成。此外，以产业集群为切入点，推动产业链协同制造与产业集群整体数字化升级，实现行业内、区域内制造业质量数据资源快速流转应用。

六是依托公共服务机构、公共服务平台等汇集质量数据。例如，各地依托全国统一的制造业企业质量管理能力评估平台，汇集本地区制造业"质量管理大数据"；广东省依托工业装备质量大数据、基础软硬件性能与可靠性测评等工信部重点实验室，从产品研发设计、生产制造、市场推广、供应链管理等全生命周期出发，梳理产业链质量短板，建立了补短目录库；山东省培育数据共享、数据开放、数据流通、公共服务四类共 60 个平台，构建制造业大数据平台体系；浙江省宁波市基于"产业大脑+未来工厂"建设，推进了产业数据汇聚共享；江苏省打造了 7 个省级工业大数据应用示范区，聚焦工业大数据，开展数据应用的先行先试。

2. 关于质量大数据"怎么治理"

一是从顶层规划了制造业质量大数据建设应用思路和推进路线图。根据全国标准信息公共服务平台、广东省标准信息公共服务平台检索，目前全国地方工信部门尚未针对质量大数据制定相关的标准。但早在 2018 年，广东省工业和信息化厅就联合广东省市场监督管理局组织制定了《广东省大数据标准体系规划与路线图（2018—2020)》，组织编制了《大数据业务分类与代码》，对相关数据标准作出了通用规定。具体到制造业领域，在"应用"类标准方面，广东省提出要建设制造业大数据指数体系。截至2023 年 5 月 20 日，广东省已发布实施 11 个制造业标准体系规划与路线图，以及 836 项关键技术标准。此外，2024 年，广东省印发《关于构建数据基础制度推进数据要素市场高质量发展的实施意见》，明确支持面向制造业建立产业数据资源目录清单和产业集群可信数据空间，推动产业数据进场合规流通。

二是依托质量管理能力评估规范标准统一制造业质量管理领域的数据格式。2023年9月，《制造业企业质量管理能力评估规范》正式实施，该规范从质量管理体系有效性、质量管理数字化、持续成功的能力、质量绩效等维度提出了30个指标要求，将制造业企业质量管理能力从低到高分为了经验级、检验级、保证级、预防级、卓越级五个等级。该规范对30个指标数据进行了解释并作出了要求，这在很大程度上规范了整个制造业质量管理领域的数据格式。

三是注重质量生态圈各主体数据治理的一致性。一方面，广东省工信厅注重引导设备厂商、自动化企业等主体，开放设备协议、数据格式、通信接口等源代码，推动制造业设备数据互联互通；另一方面，广东省工信厅也在积极推动制定工业互联网平台互联互通规范，促进制造业质量大数据自由传输迁移。

四是以DCMM贯标评估带动质量大数据治理。广东省工信厅正在积极推广《数据管理能力成熟度评估模型》贯标工作。根据公开信息查询，目前已经推动广州明珞汽车装备、富士康工业互联网、平安科技、广州医药、OPPO移动通信、蓝盾信息、佳都新太、汤臣倍健等制造业企业开展了DCMM贯标工作，在加速提升工业企业数据管理能力的同时，实现了质量大数据的有效治理。

五是推动跨地域质量大数据相关标准互认。例如，目前广东省正在探索粤港澳三地标准互认模式，打造了全国首个粤港澳标准化服务平台、广州南沙粤港澳科技创新团体标准服务平台，通过平台推动发布粤港澳团体标准20项。比如，2020年，粤港澳三地联合发布《基于区块链技术的产品追溯管理指南》团体标准，并收录在中国标准化发展年度报告中。总体来看，广东省通过跨域联动提高了质量大数据标准的一致性。

六是在相关标准中对质量大数据作出相应的要求。目前，全国各地在重点产品和产线的质量分级评价标准、产品质量分级标准、制造业产品质量指数指标体系及测评规范、细分行业领域质量要求，以及信息平台建设等相关标准中，或多或少都对质量大数据作出了治理要求。

3. 关于质量大数据"怎么应用"

由前所述，我国地方工信、经信部门等制造业主管部门更多的是承担指导行业健康稳定发展责任。因此，在关于质量大数据应用方面，行业管理部门除了围绕"产品质量大数据"用于监测制造业运行态势外，还聚焦"质量管理大数据"，用于指导制造业质量管理能力的提升。总体来看，我国地方工信、经信部门主要采用了三种做法。

一是基于"质量管理大数据"用于促进企业质量效益持续提升，推动制造业质量的有效提升。目前，全国大多数省级行业主管部门正在积极推动《制造业企业质量管理能力评估规范》贯标宣传与培训工作，旨在运用质量管理能力评价结果数据，促进企业质量效益持续提升，推动本地区制造业质的有效提升。例如，目前广东省一方面支持和鼓励企业开展质量管理能力评价；另一方面也支持探索推进链主企业联合上下游企业共同开展质量管理能力评价，提升产业链质量一致性管控水平。

二是基于"产品质量大数据"用于制造业发展宏观指数测算。早在2018 年广东省就在全国首创了制造业大数据指数（MBI），率先探索了基于产品质量大数据实现对制造业监测预警的新路径。MBI 充分利用大数据手段有效突破数据孤岛，汇聚了与制造业密切相关的企业用电、商品进出口、货运、贷款、用地、通信、用工等第三方海量数据。同时，运用机器学习等大数据方法，构建一个有别于传统经济分析框架的指数模型，形成一套具有科学性和时效性的全新制造业发展评价体系。目前，广东省利用产品质量大数据分析发布了多类型指数报告，如制造业采购经理指数、企业竞争力综合指数、区域竞争力指数、制造业创新指数、制造业百强企业排名等。此外，广东省以"产品质量大数据"为基础打造制造业发展宏观指数监测平台，建设了红绿灯图等可视化系统平台。平台已基本实现了对制造业宏观、中观、微观的运行监测预警，尤其在精准发现区域、行业、企业异动等方面效果明显。

三是基于"产品质量大数据"用于支撑制造业产品质量评价工作。比如，广东省鼓励专业机构依托产品质量大数据分析开展制造业质量可靠性分级评价和认证等工作。再如，深圳市基于产品质量大数据开展了制造业产品质量指数和测评工作，且制定了《制造业产品质量指数指标体系及测评规范》地方标准，构建统一的质量测评规范，以此强化了产品质量指数测评结果的一致性，有效促进了深圳制造业的发展。

4. 关于质量大数据"怎么用好"

项目组经过调研、查询了 10 个省份的工信厅、经信委等关于质量大数据"怎么用好"的做法后，综合分析认为，地方工信厅、经信委等部门为实现质量大数据的高效应用，主要围绕质量大数据生态建设，出台相关的保障措施和支持行动计划的开展。比较典型的做法有以下几种。

一是以评价专项为抓手促进"质量管理大数据"应用。经调研，目前地方行业主管部门均充分认识到了企业质量管理能力提升对于推动制造业高质量发展的重要意义。一方面，要求地市层面将企业质量管理能力评价工作作为年度质量提升的重要内容；另一方面，对获评较高等级的企业给予适当奖励，协调加大金融支持，引导制造业企业不断提升评价等级。此外，积极开展宣传，组织经验交流活动，引导广大企业树立科学质量观，营造追求卓越质量的良好氛围。

二是支持建立开放共享的质量大数据生态创新载体。一方面，注重培育质量大数据服务产业，比如，广东省注重建设制造业质量生态供给资源池，通过建设 6 个省级大数据综合试验区、16 个省级大数据产业园和 9 个省级大数据创业创新孵化园，聚集了一批质量大数据服务商、数据安全技术服务商，推出了质量大数据相关的技术、产品、服务和应用解决方案。此外，广东省还以国家发展中试产业为契机，发展制造业中试数据服务商，积极推动中试质量大数据相关的数字孪生产品研制开发。值得说明的是，其他地区也十分重视加快构建制造业大数据服务生态，对促进制造业质量大数据治理、建设与应用起到了极大的促进作用，如福建省、浙江省、苏州市等均组建了工业大数据研究中心，建设大数据应用试验平台，有效推动了质量大数据的创新发展应用。

三是支持质量大数据创新应用行动的开展。一方面，建立质量大数据应用工作机制。例如，广东省明确要通过引导相关的机构建立制造业质量数据采集和分析工作机制，挖掘质量数据价值，进行质量监测、质量预警和质量评价，提供质量信息查询、质量风险分析、质量成本分析和质量追溯等服务。另一方面，支持第三方机构利用质量大数据开展相关评估评价工作，激发制造业质量提升工作的内生动力。例如，广东省明确支持相关机构开展重点产品质量分析比对、比较试验和综合评价等工作。此外，厦门、宁波等城市也开始针对性推进制造业大数据采集分析相关工作，并利用质量大数据支持对工业企业开展数字化转型升级评估、质量管理数字化评估等工作。

四是积极协调各有关部门共同推进产融结合，帮扶企业扩展质量大数据应用范围。目前，全国各地工信、经信部门正在加强制造业产融服务，通过多样化资金渠道和支持机制促进工业数据应用创新。例如，山东省成立数字经济发展基金，引导更多金融资源流向数字技术创新和数字经济发展。又如，宁波市落地了首版次软件综合创新保险，分摊创新企业和用户单位的风险，加快制造大数据软件等新产品的普及推广。

五是重视质量大数据专业技术人才队伍建设。各地工信厅、经信委等，均在通过在线培训、基地实训等多元化方式，加强新型数字经济人才培训。例如，山东省深入开展"万名数字专员进企业"，创新推行总数据师（CDO）制度，逐步实现了大型企业全覆盖。再如，苏州市新建4家涉数字经济高技能人才公共实训基地，全市新增数字技能人才4.93万人。

六是探索以数据资产化促进质量大数据的应用。例如，2024年，浙江省桐乡市开展了全国首单工业互联网数据资产入表案例，试点形成的数据资产是"化纤制造质量分析数据资产"。具体来说，通过感知、汇聚来自工艺现场的生产数据，经清洗、加工后形成高质量的数据资源，用数据融通模型计算分析后，可实时反馈并调控、优化产线相关参数，也可实现对产品线关键质量指标的实时监控和化纤生产过程总体质量水平的实时评级，从而达到提高化纤产品质量、提升企业质量管理能力、提高经营效能的目标。目前，"化纤制造质量分析数据资产"包含了2 787万条质量管理数据，物理化验数据、过程质检、控制图数据、对比指标参数、指标报警、预警趋势、不合格率等共 27 个数据模型，质量指数、合格率、优等率、稳定度等共 38 类指标体系。数据资源入表是企业数据资产化的第一步，数据产品的定价关系到数据资产价值的充分挖掘和释放，这次"化纤制造质量分析数据资产"属于制造业质量创新应用的重大突破。

四、典型社会团体组织

截至 2020 年 9 月，我国拥有 2.6 亿车主消费人群，汽车行业已经走进千家万户。据统计，我国汽车产业占全国 GDP 比重已接近 2%。随着互联网技术、数字技术的飞速发展，汽车行业已逐步迈入数智化转型的时代。

汽车行业质量管理具有高复杂性质量管控、高质量产品特性、严格的法规和标准、供应链质量管理、产品个性化等要求特点，同时面临复杂供应链的质量管理、质量数据分散共享困难、质量问题及时发现和处理难度大、跨部门质量管理协同难闭环等问题。目前，从汽车制造企业来看，特别是一线品牌的汽车企业，以质量大数据为核心的质量管理系统已经进入普及阶段，行业具有质量大数据建设应用的典型特征，具有显著的参考价值。因此，本书以汽车行业组织为例说明行业协会、产业联盟等社会团体组织所开展的工作。跟其他社会团体组织相似，汽车行业相关组织也更加侧重结果数据的汇集与应用，即更加关注汽车产品质量数据。因此，本节除特殊说明外，质量大数据泛指"产品质量大数据"。

（一）质量大数据汇集应用平台建设情况

汽车行业领域协会组织较多，国家民政部官网的数据显示，正式注册与汽车质量相关的协会有中国汽车工业协会、中国汽车流通协会、中国汽车保修设备行业协会、中国出租汽车暨汽车租赁协会、中国汽车维修协会、中国汽车工程学会等。此外，也有很多自发成立的产业联盟等组织，如中国汽车质量技术联盟、汽车配件检测认证联盟、新能源汽车国家大数据联盟、全国汽车产品绿色创新和质量提升联盟、中国汽车企业国际化发展创新联盟、智慧车联等。

相关行业协会、产业联盟等已建立多个汽车质量大数据相关的平台，为汽车质量管理技术发展和应用革新带来新的机遇，有效推动了汽车行业高质量发展。较为典型的汽车质量大数据汇集应用平台包括中国汽车售后服务质量监测大数据平台、汽车质量投诉平台、汽车质量技术大数据平台、汽车工业协会统计信息网、车质网、达示数据（DaaS-Auto）、安全可信（汽车行业）数据空间、全球汽车专利大数据平台、中国汽车轻量化大数据平台等。这些汽车质量大数据相关的系统平台等已汇聚了海量的多维数据，展示了汽车行业在质量数据建设应用方面的成功实践，也为业界提供了有益的参考和借鉴。

（二）质量大数据建设应用经典做法

1. 关于质量大数据"怎么汇集"

经过调研，汽车行业质量大数据涵盖了人、机、料、法、环、测等多种因素，汽车行业中的数据不仅包括传统的结构化数据（如生产数据、销售数据等），还包括大量的非结构化数据（如社交媒体评论、图片、视频等）。按所属类型看，汽车行业中的质量大数据主要包括汽车制造业企业生产数据、销售数据、供应商数据，以及政府监管数据、第三方机构数据（比如360大数据、智库机构分析数据等）、用户反馈数据、消协投诉数据、自媒体平台数据、数据服务商数据等。

通过分析典型的汽车质量大数据汇集应用平台的建设运营主体，项目组研究认为相关主体需具备以下要素之一才能将平台建设并运营好，汽车质量大数据才能真正用起来。

一是带有政府监管背景性质的机构，如行业协会、检测认证机构等，以监管手段带动质量大数据汇集。

二是由具有强大影响力的龙头企业牵头成立产业联盟，共同建设运营质量大数据平台。根据多个行业的经验，只有链主企业才能更好地联合上下游企业以及行业企业共同开展质量大数据平台建设。

三是具有强大的数据采集处理能力，汽车质量大数据多源，专业的数据服务商能更好地汇集数据资源、应用资源。进一步分析认为，无论平台建设运营是协会，还是联盟，其本质和定位是运营汽车产品质量数据生态圈，这种本质和定位就决定行业组织的质量大数据汇集方式是合作共建共享模式。

主要有以下三种方式。

第一，在政府指导下，成立行业协会、产业联盟等组织，进而汇聚成员/会员单位相关数据。比如，中国汽车工业协会已汇集了450多家汽车整车、汽车零部件、摩托车整车及零部件、行业组织、科研院所、试验场及检测机构、流通及后市场、媒体、非生产性质机构等类型会员单位，通过会员单位共享数据，形成了庞大的汽车质量相关数据。

第二，通过建设数据汇集平台，利用信息化手段，通过合作方式，汇集汽车质量大数据。比如，中国汽车售后服务质量监测大数据平台，该平台是北京与车行信息技术有限公司在中国汽车流通协会指导下研发设计，运用互联网技术开展对汽车售后服务行业维修保养、汽车金融、汽车零部件等环节的质量监测。目前，该平台通过互联网数据采集，同时和相关机构合作等方式，已积累百万量级的汽车用户体验精数据，为汽车品牌、经销商集团、连锁汽修集团、4S店及独立社会汽修店、咨询机构、后市场服务商提供用户洞察、服务改善、企业决策等多场景的数据应用服务。再如，2024年中国电子宣布与高科数聚联合打造"安全可信（汽车行业）数据空间"，旨在聚合全国汽车数据资源，服务汽车行业全链条数据应用场景，包括研、产、供、销、服等多个应用场景。

第三，通过公开渠道+购买数据的方式汇聚汽车质量大数据。例如，汽车大数据运营服务商打造的慧数汽车数据平台，除借助强大的数据采集处理能力外，还通过公开渠道采集以及购买数据的方式，汇集了全网汽车、用户、媒体等多种数据源。

2. 关于质量大数据"怎么治理"

一是用国家标准、行业标准等统领质量大数据治理工作。和其他行业类似，总体上汽车行业统领性标准也比较少。经过全国标准信息公共服务平台查询，汽车行业具有统领性的标准有 GB/T 44464-2024《汽车数据通用要求》、GB/T 42017-2022《信息安全技术 网络预约汽车服务数据安全要求》、GB/T 41871-2022《信息安全技术 汽车数据处理安全要求》以及 GA/T1998-2022《汽车车载电子数据提取技术规范》、SF/T 0077-2020《汽车电子数据检验技术规范》等，这些标准在一定程度上规范了汽车质量大数据的治理规则，保障了数据质量。

二是用产业生态模式统一了组织内部的质量大数据规范。例如，中国汽车工业协会发布了 T/CAAMTB 34-2021《智能网联汽车数据格式与定义》、T/CAAMTB 189-2024《汽车企业数据安全管理体系要求》；中国国际科技促进会标准化工作委员会发布了《新能源汽车装备工业互联数据融通规范》；电动汽车产业技术创新战略联盟组织提出了《电动汽车动力电池数据监测、采集及传输技术规范》；中国智能网联汽车产业创新联盟（CAICV）提出了《智能网联汽车数据共享安全要求》；中国汽车维修行业协会团体标准《车辆信息数据化应用规范》；等等。这些团体标准在一定程度上，保障了组织内部汽车质量大数据的一致性。此外，中国汽车工业协会还联合骨干机构，开展隐私保护认证和隐私保护标识的推广工作，为数据安全提供了保障。

三是用平台建设统一了组织内部机构的汽车质量大数据规则。经过调研典型的行业组织建立的汽车质量大数据汇集应用平台，研究认为，这些平台在建设可行性论证阶段，就对本平台内数据治理规则作出了规定，包括采集、处理、保护和存储、应用等数据生命周期管理管理，即成员或会员单位若接入平台，则须按平台制定的数据质量规则执行本单位部门的数据治理。

3. 关于质量大数据"怎么应用"

行业协会、产业联盟等的定位是嵌入国家与社会的多维关系中，同时将保持其自主性，并与政府、企业形成协作伙伴关系，其职能将聚焦于政企核心的服务需求，从而保障其在市场或竞争机制下的资源汲取能力，其本质是运营产业数据生态圈。因此，在关于质量大数据"怎么应用"方面，汽车行业组织更多的是侧重第四种质量大数据应用模式，即"基于生态圈的质量生态共建共创与共享"。

一是利用质量大数据为政府制定相关政策提供数据支撑。一般行业组织一头连着政府，一头连着会员企业，为确保政府所制定的法律和政策真实反映实际状况，解决实实在在的问题，行业协会、联盟等大多会通过定期调查、研究，根据一手数据和材料，向政府有关部门提供政策建议和意见，借助智库平台为政府出台相关政策以及开展重点工作等提供数据支撑。

二是利用质量大数据资源构建产业发展评估评价体系，向社会发布质量信息报告或指数。比较有影响力的报告有汽车质量投诉指数、品牌影响力指数、质量提升指数、创新指数、保险汽车安全指数、汽车产品魅力指数、汽车消费质量指数、汽车健康指数以及新车质量报告、产品质量表现、汽车产品可靠性报告、信用风险等。这些指数、报告等在一定程度反映出汽车行业质量动态水平，对于行业来说是一种激励、鞭策相结合的举措，指导着汽车制造业企业布局以及行业发展。

三是利用质量大数据资源分析结果指导相关标准制定。当前，标准已从传统意义上的产品互换和质量评判的依据上升为产业整体发展战略的重要组成部分，成为事关产业发展的基础性、先导性和战略性工作。通过查询全国标准信息公共服务平台，相当一部分汽车质量标准以质量大数据分析的结果为依据，如 JT/T 619 - 2005《汽车货物运输质量主要考核指标》等。

4. 关于质量大数据"怎么用好"

一是做大做强质量生态圈，切实解决相关主体的核心诉求。在应用质量大数据时，汽车行业相关的协会和联盟均十分重视相关质量数据分析的质量和时效性。一方面，针对行业管理部门，除定期报送质量信息外，遇有重大质量事故第一时间向政府相关部门报送信息，强化政府支持力度；另一方面，通过专题分析等形式，指导汽车制造业企业进行战略选择，切实解决企业核心诉求。

二是从顶层完善汽车数据应用等标准体系。比如，中国通信标准化协会大数据技术标准推进委员会（CCSA TC 601）在深入分析汽车数据的范围、分布情况及涉及的相关参与方等基础上，提出了汽车数据能力体系，优化了数据质量管控流程，确保了数据的准确性与可靠性。

三是创新数据合作模式实现数据生态的聚合。一方面，探索数据共享模式。就行业协会组织来看，目前相关协会正在探索数据共享伙伴关系、数据联盟、数据信托、数据合作社、联合数据分析、合作研究与开发协议等数据共享模式。总体来看，行业协会认为"融数共建、权益共享、自主可控、开放共赢"的数据共享模式可以破局"封闭垄断、各自为政"传统模式带来的弊端。比如，中国汽车工业协会就汽车数据"气血不足"、数据流通"经络不畅"等问题，提出要建立"数据共同体"。此外，汽车行业也成立了很多数据共享共用联盟，如汽车与保险大数据产业联盟等。另一方面，建设良好的数据共享共用环境。例如，中国汽车工业协会自2020年起开始布局建立了汽车大数据区块链交互平台，旨在构建公平、公正、开放的汽车产业数据生态。此外，通过开源项目加速构建数据服务开放生态。例如，2024年，中国汽车工业协会推出珊瑚数据（coral-data）开源计划，支持跨企业、跨平台的合作，助力构建汽车行业数据服务开放生态。

四是重视推动数据要素企业的培育。比如，2024年3月，广西汽车集团与广西北部湾大数据交易中心共同建设全国首个汽车数据专区，实现全区乃至全国汽车数据要素交易枢纽，此外还与上海数据交易所、深圳数据交易所、北京国际大数据交易所、郑州数据交易所、西部数据交易所签署了汽车数据服务商、授权运营等服务协议，其本质是打造以数据价值网络为特征的数据生态，构建多元共治、价值共创、利益均衡、责任共担的"数据共同体"。

五、典型制造业企业

我国拥有 41 个工业大类、207 个中类、666 个小类，拥有联合国产业分类中全部工业门类。鉴于华为已发展成为全球领先的科技巨头、全球顶级品牌之一。除了自身属于制造业外，作为 ICT 解决方案的龙头企业、领军企业，在赋能其他行业领域企业质量管控方面，也取得了显著成果，在质量大数据领域具有显著优于其他企业的经验，具有典型性。因此，本书选择华为作为观察对象。

华为业务涉及运营商、企业和消费者，产品繁多，流程复杂，数据海量。华为龙头企业、领军企业的定位决定了其在关于质量大数据"怎么应用"方面，更多的是侧重"面向龙头企业的质量生态圈建设和质量管理协同联动"以及"面向企业的产品质量与质量管理循环反哺"。其中，前者更多的是华为质量管理理念的输出，后者则主要应用于华为内部产品质量管控。

（一）质量大数据汇集应用平台建设情况

经调研华为相关部门负责人，相比如聚焦某类产品或某条生产线的质量大数据汇集应用平台建设，华为更在意聚焦拓展外部合作网络，携手广大客户、供应商等合作伙伴，共建信息实时效应、多方共同参与的数字化质量生态圈。华为总体认为在这个开放的数字化质量生态圈平台上，质量信息得以迅速流动，各方可以协力推动质量管理工作的高质量发展。华为已经建设了统一的数据底座，这为后续的质量大数据分析和挖掘提供了有力的支撑。

（二）质量大数据应用经典做法

1. 关于质量大数据"怎么汇集"

经调研，作为传统的 ICT 和终端设备制造企业，华为业务涉及运营商、企业和消费者，产品繁多，流程复杂，数据海量。

华为在数据治理的基础上，为实现更广泛的数据应用，积极汇聚和连接来自不同渠道、不同格式的数据，并通过先进的数据处理技术，将这些数据整合到统一的数据底座中，形成一个完整、准确的数据资源池。该数据资源池底座汇聚了华为公司内外部的各类数据资源，形成了一个全面、统一的数据视图，这为质量大数据分析和挖掘提供了有力的支撑。总体上，华为公司通过建设数据底座，将公司内外部的数据汇聚在一起，对数据进行重新组织和连接，让数据有清晰的定义和统一的结构，并在尊重数据安全与隐私的前提下，让数据更易获取，最终打破了数据孤岛和垄断。

2. 关于质量大数据"怎么治理"

前述已经述及华为并非是针对质量数据，而是针对全量数据，建立了较为健全的数据治理体系，通过明确数据标准、优化数据流程、提升数据质量，确保数据的准确性、一致性和及时性。具体体现在以下三个方面。

一是规划了数据治理整体蓝图。华为从2007年开始启动数据治理，目前已经系统地建立了数据管理体系，绘制了全面而先进的数据治理蓝图，给出了数据治理路线图。

二是制定了数据质量管理政策和责任体系。一方面，华为将数据质量管理政策作为数据治理顶层设计政策中重要组成部分，包括数据质量管理职责及要求、数据质量管理的业务规则和管理要求两个部分。另一方面，为确保数据治理体系发挥作用，华为实施业务负责制，并按分层分级原则任命数据 Owner，职责包括建设和优化数据质量管理体系，解决跨领域重大数据质量管理问题。

三是基于 PDCA 颁布了数据质量管理方法。华为以 ISO 8000 质量标准体系为依据，设计了 PDCA（plan、do、check、action，即计划、执行、检查、处理）持续改进的数据质量管理框架。数据管理以数据清洁为目标，以业务需求为驱动，通过 PDCA 循环，提升数据质量，达到数据质量结果满意。自上而下打造数据质量领导力，通过制定政策、规范来构建数据质量管理机制，对数据质量工作进行牵引；数据质量管控应有不同层次，兼顾宏观指导原则及微观的具体操作要求。全面推进数据质量持续改进机制，随着业务领域变化产生新的数据，对数据应用提出更高要求，数据管理范围、目标随之调整变化。能力支撑模块需要专业团队构建完善的数据组织、流程和工具，起到支撑作用；通过技术工具实现融入日常业务，并不断提高数据质量工具平台，提升企业数据质量。

四是实行质量控制策略。华为对数据质量的定义是"数据满足应用的可信程度"，包括完整性、及时性、准确性、一致性、唯一性、有效性等维度，关注业务对象、业务规则、业务过程、业务结果等数据是否及时准确的记录。整体来看，华为的数据质量规则大体分为了4类框架和15类规则，主要用于判断数据是否符合数据质量要求的逻辑约束。

3. 关于质量大数据"怎么应用"

在"面向龙头企业的质量生态圈建设"方面，华为主要采取了4个主动+3个协同方式+针对5类伙伴实施差异化政策打造命运共同体。其中，4个主动包括主动开放生态、主动让利伙伴、主动统筹资源、主动培养人才；3个协同方式是指华为与伙伴之间不再是单纯的买卖关系，而是基于华为的平台能力，在规划、咨询、联合解决方案、交付和运营等端到端的服务周期上与伙伴进行有效协同。华为期望能实现生态协同，使生态成员之间互为加持、互相使能、互动成长、彼此成就；使生态平台的支撑能力和生态系统的运作效率大幅提升，追求更加高效的价值创造，最终形成有机协同、健康稳定的命运共同体。此外，华为针对销售合作伙伴、解决方案合作伙伴、服务合作伙伴、投/融资合作伙伴以及人才生态合作伙伴，通过对各类伙伴差异化的政策、资源投入和强化生态运营等，增强华为数据生态的渗透力，帮助华为生态圈实现了资源协同和数据协同。

在"面向龙头企业的供应链质量管理协同联动"方面，华为于2015年启动了供应链数字化转型的ISC+（integrated supply chain，集成供应链）变革，聚焦于提升客户体验和创造价值，并以ISC+愿景为牵引，打造数字化主动型供应链。

在供应链数据方面，华为从三个方面推动业务数字化，构建供应链数据底座。

一是业务对象数字化，即建立对象本体在数字世界的映射，如合同、产品等。

二是业务过程数字化，即实现业务流程上线、作业过程的自记录，如对货物运输过程进行自记录。

三是业务规则数字化，即使用数字化的手段管理复杂场景下的规则，实现业务规则与应用解耦，使规则可配置，如存货成本核算规则、订单拆分规则等。

通过以上三个方面的业务数字化，华为供应链已经完成了数据底座的建设，可面向新的业务场景，还将不断丰富和完善数据服务。

在"面向企业的产品质量与质量管理循环反哺"方面，比如在生产工艺和工序流程管控环节，华为的生产工艺和工序流程复杂，生产线多批次、大批量、产品切换频繁，导致质量监控点选择、参数控制方面难以界定，因此华为十分关心质量控制点的"定位"问题。在这方面，华为采用了实时统计过程控制（SPC）软件解决方案。该系统让华为质量工程师可以根据生产的需要，随时对数据进行调用、对比、分析，这种由强大数据支持的分析可以精准帮助华为发现隐藏在庞大数据背后的质量管理流程的改进空间，并于产品质量形成良性循环反哺促进作用。

4. 关于质量大数据"怎么用好"

从内部角度看，华为站在自身企业数据资产高效应用的角度，提出开展信息架构（本质是"数据架构"）的建设与管理，并充分融入IT系统建设中，将信息化项目中的数据解决方案与业务解决方案、IT解决方案一并作为建设管理内容，通过将业务流程数字化，华为实现了业务规则与数据应用的解耦。也就是说，华为设计了质量大数据的顶层规划，以及相关的架构，用于全面指导质量大数据的应用。从本质上来说，在内部华为是以"IT承载业务"实现数据的底层逻辑统一并将数据作为资产进行盘点、入表，最后做数据运营，实现质量大数据价值的释放。

从外部生态看，华为主要是以生态运营为核心，比如华为提出了数据要素流通解决方案参考架构，通过构建"1234N"平台体系，即 1 个数据底座、2 个服务保障体系、3 大数据价值链和 4 个业务管理平台，从而支撑千行百业的数据场景化应用，让数据供得出、流得动、用得好，加速释放数据价值。

此外，华为还拟开展"数据要素×"行业伙伴行动计划，旨在联合各行业伙伴共同解决数据场景化应用的难题，推动数据要素在多个领域的应用和产业化发展。

在本质上，华为做大做强质量生态，用好质量大数据的核心做法如下：一是做好质量生态规划；二是让利和赋能质量生态伙伴；三是统筹资源帮扶生态伙伴；四是激励与惩罚措施并举，但更看重激励措施的作用。

六、经验与启示

通过前述分析，不同的主体在质量大数据建设应用方面侧重点不同，在质量大数据"怎么汇集""怎么治理""怎么应用""怎么用好"四大核心问题上，采取的措施也不尽相同。但通过归纳演绎，分析认为不同的主体也有共通之处，值得行业管理部门参考借鉴。

在质量大数据"怎么汇集"方面：一是从顶层规划好质量大数据应用蓝图或路线图，全面指导行业应用质量大数据；二是重视公共服务平台建设，夯实质量大数据建设与应用的 IT 承载底座；三是重视质量生态建设，如鼓励第三方机构或链主企业等，建立质量信息/大数据联盟等，推进多方主体质量信息共建、共享、共治，建设有效的沟通协调机制，实现质量数据的流动；四是创新数据合作模式实现数据生态的聚合。

在质量大数据"怎么治理"方面：一是以标准为抓手，强化质量大数据治理顶层设计；二是成立数据标准化技术委员会全面指导质量大数据治理工作；三是重视数据管理能力成熟度 DCMM、数据安全能力成熟度 DSMM 等贯标，以标准贯标促进数据治理；四是关注数据质量控制与评价工作。

在质量大数据"怎么应用"方面：一是重视权威质量大数据分析数据发布，全面指导制造业质量提升；二是关注应用质量大数据，构建制造业质量发展趋势可视化地图，为决策提供支撑；三是探索质量大数据资产化；四是开始探索"质量管理大数据"创新应用，并与"产品质量大数据"应用形成协同效应。

在质量大数据"怎么用好"方面：一是关注质量生态圈全部主体共同受益，切实解决相关主体的核心诉求；二是关注正向与反向双重激励措施的合力；三是重视创新活动的开展以及发挥政策的合力，充分释放"质量大数据×"效应；四是注重培育质量大数据服务商；五是重视"测—评—培"机制，实现以评促学、以评促用、以评促优。

第三节　制造业质量大数据应用面临的挑战和趋势

一、面临的挑战

（一）关于质量大数据"怎么汇集"

从企业层面看，一方面，从整个制造业宏观角度分析，制造业企业普遍面临不清楚自身有哪些质量数据，质量数据存储在什么地方，如何才能更好地发现质量数据、管理质量数据、挖掘质量数据价值等问题。此外，制造业企业普遍没有"质量管理大数据"的概念，经项目组电话访谈通信基础产品制造业企业，90%以上的企业质量管理部门负责人认为质量大数据是"产品质量大数据"。另一方面，从单个制造业企业微观角度分析，质量数据主要是指企业内部生产运营管理相关的数据，一般存在于 DCS、MES、QMS、CAX、PLM、ERP、WMS、SCADA 等系统，这也导致企业内部跨部门、跨层级的数据整合难度大，数据质量也比较低，维度缺失严重，给质量大数据应用造成了一定挑战。

从行业管理层面看，政府部门在汇聚质量大数据资源方面，主要肩负着三项主要职责：一是指导制造业企业积累沉淀数据，形成质量数据资产，并通过质量数据分析与挖掘，实现质量管理能力升级和产品质量提升。二是以制造业为基本单元，指导龙头企业或相关组织建设产业链供应链质量数据湖，进而串接、集成跨企业、跨区域的产业链供应链上下游企业质量数据，推动产业质量管理协作，实现产业链供应链质量风险预警与应急处理能力协调，打造产业质量共生新生态。三是吸引更多的企业、质量服务机构、质量监管机构等产业质量数据利益各方资源汇聚，构建质量数字化网络生态，实现质量数据生态共享，实现基于产业质量数据资源的跨企业协作、质量风险防控、数据共享等。

但是，行业管理部门在推动上述三项工作过程中，还面临着两大难题：第一，跨部门、跨行业、跨区域、跨企业间不同层级数据交换与共享的政策壁垒和技术壁垒，严重制约着质量大数据汇集与融合应用。第二，相比于"产品质量大数据"规模，"质量管理大数据"的汇集工作刚刚起步，数据规模较小，还需行业主管部门引导和指导各相关主体通力合作，打通汇集渠道。

（二）关于质量大数据"怎么治理"

数据质量顶层治理规则制定和技术标准体系建设是质量大数据"怎么用好"的前置条件。

从数据治理角度分析，虽然制造业细分领域大数据标准体系已有较大发展，但站在整个制造业行业角度看，质量大数据具有很强的业务性，呈多模态、强关联、高通量、重时序等特点，距离 GB/T 34960.5-2018《信息技术服务治理第 5 部分：数据治理规范》给出的数据治理框架要求，还有较大差距。目前，制造业领域尚没有研制质量大数据治理体系总体架构用以指导质量数据治理实施，难以确保源头数据质量和数据全生命周期管理等。

从技术标准体系分析，一是尚未建立围绕质量数据全生命周期各层级统一的数据采集、存储、分析、交换、管理、应用等标准体系，严重制约着质量大数据各类质量数据库、数据平台等信息化建设，以及数据价值化的实现。二是缺乏统筹，导致制造业细分领域标准研制进度不一，且标准体系一致性较差，甚至不同行业间数据标准存在矛盾性，在技术上均造成了多元异构数据的融合应用壁垒。三是"质量管理大数据"的标准体系理念尚未形成。

（三）关于质量大数据"怎么应用"

由前述章节分析可知，质量大数据应用主要有面向政府市场管理的产品质量监督、面向政府行业管理的质量管理能力提升、面向社会团体组织的产品质量生态圈建设、面向龙头企业的质量生态圈建设和质量管理协同联动、面向企业的产品质量与质量管理循环反哺五种应用模式。

从行业管理角度来看，目前，我国五种质量大数据应用模式之间还相对割裂，参与的各方虽然都是受益个体，但相互之间也是利益博弈的关系。政府需要保障各方利益博弈平衡，以便更好地利用质量大数据实现宏观层面的洞察力，即如何做好质量大数据五种应用模式协同推进，且推动五种模式形成循环反哺，是行业管理部门面临的难题。

从质量大数据应用角度看，相比于"产品质量大数据"应用成熟度，"质量管理大数据"应用刚刚起步，地方政府、行业组织等对"质量管理大数据"理念尚未形成统一共识，甚至没有相关的概念，需行业管理部门加大宣传力度，系统性开展"质量管理大数据"的应用研究，为地方政府、行业组织、制造业企业等主体提供指导。

（四）关于质量大数据"怎么用好"

一是公共服务平台支撑能力还需强化。一方面，就产品质量大数据而言，目前制造业各类产品质量信息分散且信息未同步，需要从不同部门、行业、地域等收集、核实，但行业管理部门缺乏统一的产品质量大数据公共服务平台，推动产品质量大数据深度应用的抓手不强。行业、区域等产品质量大数据应用支撑平台等信息化手段建设也相对滞后，产品质量大数据总体应用水平还需强化。另一方面，就质量管理大数据而言，目前行业主管部门主导建设的制造业企业质量管理能力评估平台汇集了一定规模的质量管理数据，但应用还仅限于评估领域，数据应用的广度与深度还需加快探索，平台的功能还需适时升级。

二是数智资源赋能效应较弱。从技术资源看，数智技术是促进质量数据的涌现、流动、积累、应用的前提，还需政府加大支持力度，推动质量大数据形成数据资产，拓宽质量数据资源应用模式。从智力资源看，当前我国仅有少数部门、地区建立了质量大数据专家咨询委员会，数智智力资源没有呈现规模化支撑效应。

三是正反向激励结果运用效能有待提升。一方面，当前，我国关于大数据的推广应用多为普适性政策，质量大数据应用推广缺乏正向激励配置政策。此外，标杆推广力度不足，未进行深入的宣传，导致示范引领作用未能充分显现。另一方面，反向约束具体举措多在市场监督领域零星试水，从整个制造业来看，反向激励的倒逼效应还需继续加强。

二、未来发展趋势

(一) 治理规则与标准体系将走向统一

一方面，质量大数据技术作为新质生产力背景下解决工业产品质量问题、提高市场竞争力的一种关键技术，受到全球制造强国高度关注。各国均重视推动质量管理与大数据结合，将质量大数据视为变革企业质量管理的重要手段。随着我国经济转向高质量发展，大数据政策体系将不断完善，质量大数据将与质量管理等深度融合，全面提升质量管理活动数字化、网络化、智能化水平，赋能产品质量提升。

另一方面，目前，我国质量大数据相关主体分别从自身角度关注质量数据采集、存储、分析，很多上下文信息、领域知识、实操经验缺乏有效的分享，不同领域间缺乏协作语言，未来随着质量大数据的深度应用，各行业对融合质量大数据的需求将推动质量管理大数据和产品质量大数据的治理规则与标准体系将走向统一。

（二）质量数据生态圈将成为最终目标

一方面，质量是同业间的核心竞争力之一，这也导致同业间缺乏质量数据共享机制和渠道的根本原因，但很多质量问题的解决仅靠单一企业数据难以实现。因此，未来串接产业链上下游质量数据、打造产业链供应链质量数据湖、强化产业质量协作将成为同业间努力的方向。

另一方面，大数据的竞争本质上是数据资源的竞争，吸引更多的产业质量数据利益相关方数据资源汇聚共享，打通产业质量数据资产链与价值链，打造质量数据生态圈，催生更大的数据资源市场，已成为整个制造业共同的期待。

（三）质量大数据价值化成为前沿探索

一方面，随着面向政府市场管理的产品质量监督、面向政府行业管理的质量管理能力提升、面向社会团体组织的产品质量生态圈建设、面向龙头企业的质量生态圈建设和质量管理协同联动、面向企业的产品质量与质量管理循环反哺五种应用模式的持续深化，"质量管理大数据"将在业界形成统一共识，与"产品质量大数据"共同形成质量大数据，为数据资产价值化奠定资源基础。

另一方面，大数据时代数据价值的发挥本质上是多维多元数据碰撞、融合、共享、流通，推动数据资源的产品化、资产化、价值化，质量大数据作为数据的一部分也不例外。未来，质量大数据的价值将可以度量、交换，将成为被经营的产品或者商品，质量大数据的数据要素价值将会得以释放，并创造新价值。

第四节 制造业质量大数据实施路径分析

鉴于本书主要面向制造业质量行业管理部门的重点工作任务，因此本部分立足于行业管理部门管理职责，研究制造业质量大数据建设应用的路径。前述分析可知，行业管理部门在制造业质量领域更多的是承担指导行业质量管理工作，即质量大数据的建设应用模式主要为"面向政府行业管理的质量管理能力提升"。但由于其他四种模式与"面向政府行业管理的质量管理能力提升"模式之间是相互联系、相互影响、相互促进的关系，相互之间正向循环、互相引导，因此行业管理部门需在重点研究"面向政府行业管理的质量管理能力提升"建设应用路径的基础上，统筹推进其他四种模式的发展。

一、总体思路原则

质量大数据是一项系统性工程，充分借鉴我国相关主体在制造业质量大数据建设与应用实践经验，综合考虑目前我国质量大数据面临的挑战以及未来应用发展趋势，综合分析认为行业管理部门需以问题导向、需求导向、目标导向为着眼点，联合各相关部委和地方政府，通过出政策、建机制、搭平台、立标准、营氛围、强服务等实施路径，引领或指导制造业企业、行业协会联盟等社会团体组织等关键主体，通力合作，系统解决制造业质量大数据"怎么汇集""怎么治理""怎么应用""怎么用好"四大核心问题，持续深化质量大数据建设与应用（见图3.1）。

其中，问题导向是指要抓住"问题"这个关键基础，所采取的路径要能够解决第四章制造业质量大数据"怎么汇集""怎么治理""怎么应用""怎么用好"面临的问题挑战。

需求导向是指要抓住"需求"这个关键机遇，所采取的路径要能够顺应

第四章所分析的治理规则、质量数据生态、质量大数据价值化的发展趋势。

目标导向是指要抓住"目标"这个关键结果，所采取的路径要能够推动质量大数据五种建设应用模式协同发展，能切实解决制造业企业质量管理能力升级和产品质量提升面临的问题和迫切需求，不断推动制造业高质量发展。

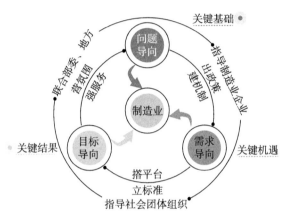

图 3.1　制造业质量大数建设应用总体思路

二、实施路径分析

由前述可知，行业管理部门需重点做好出政策、建机制、搭平台、立标准、营氛围、强服务等实施层面的工作，并以此全面推动质量大数据建设应用（见图 3.2）。根据行业管理部门职责，各项工作需重点做好以下关键重点。

（一）出政策

一方面，要针对质量大数据建设应用，发布顶层政策文件，如实施专项行动计划等，全面指导制造业质量大数据建设与应用；另一方面，做好新政策与现行政策的联动，形成有力配合衔接效应，有效推动质量大数据汇集与应用。

（二）建机制

要实现质量大数据深度赋能制造业质量管理能力升级和产品质量提升，

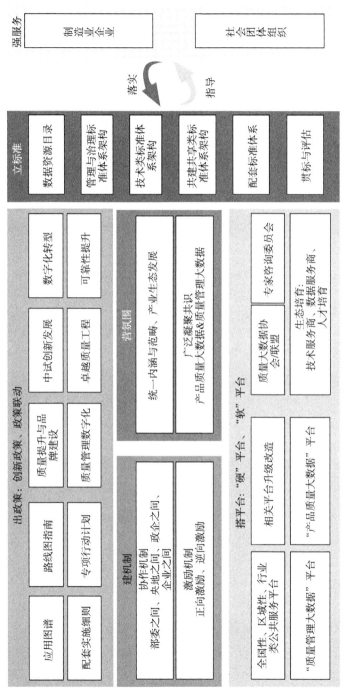

图3.2 质量大数据实施路径参考架构图

要推动建立部委之间、央地之间、政企之间、企业之间等数据共享机制和合作机制等。同时，要针对质量大数据建设应用实行双向激励机制等。

（三）营氛围

一方面，要推动确立质量大数据内涵与外延，补齐"质量管理大数据"与"产品质量大数据"的差距；另一方面，要开展质量大数据应用各层面试点工资，树立标杆，以点带面，从线到片，逐步形成制造业质量大数据的良好氛围。

（四）搭平台

一方面，针对"质量管理大数据""产品质量大数据"，支持相关主体建设全国性、区域性、行业领域公共服务平台，做好质量大数据资源汇集应用的底层支撑手段；另一方面，要注重利旧原则，升级迭代既有相关平台功能，强化质量大数据应用的支撑能力。此外，还需关注"软"平台建设，充分发挥智力赋能作用。

（五）立标准

要结合质量大数据面临的问题以及未来发展趋势，从顶层做好标准和规则的制修订工作，包括但不限于质量大数据资源目录、数据管理标准体系、数据质量治理体系、技术类标准体系、共建共享类标准、配套的标准规则，以及做好宣传、贯标与评估工作等。

（六）强服务

一方面，要指导制造业企业、行业协会/联盟等社会团体组织通力合作，建立质量大数据生态圈；另一方面，在各层面顶层架构体系原则框架下，指导相关主体贯彻落实。此外，要支持质量大数据服务体系产业发展，重点需培育数据服务生态。

三、具体实施措施

根据质量大数据实施路径各项工作的关键重点，综合考虑行业主管部门工作职责，建议从顶层政策及配套措施、标准体系供给、数字化赋能、正反双向激励措施等方面入手，系统解决制造业质量大数据"怎么汇集""怎么治理""怎么应用""怎么用好"四大核心问题，持续深化质量大数据建设与应用。

需要特别说明的是，这里所说的质量大数据包含质量管理数据和产品质量数据两大部分，同时涉及"质量管理大数据"部分做重点说明。

（一）创新顶层保障体系，推动跨部门协同

1. 实施促进质量大数据应用专项行动计划

一是绘制"质量大数据×"应用图谱或路线图，全面指导制造业质量大数据建设与应用；联合其他相关部委，适时出台促进质量大数据建设、管理、应用的专项行动计划或实施意见等顶层文件，为实现多源异构质量数据的融合和汇聚夯实基础。

二是系统性开展"质量管理大数据"前瞻性创新应用研究，并面向社会发布，为地方政府、行业组织、制造业企业等主体提供参考，加快补齐与"产品质量大数据"应用差距。

三是聚焦制造业重点行业领域，按照轻重缓急，加快出台细分领域质量大数据统计调查、建设、管理与应用实施细则和指南，为行业质量大数据建设应用提供指引。

四是适时出台制造业质量大数据治理规范、数据质量提升、数据质量分级、数据安全、产品质量分级分类、企业信用分级等配套文件，保障质量大数据可管可用。

五是指导制造业企业开展质量数据盘点、数据入表等工作，支持相关

机构探索开展质量大数据运营、交易等前瞻性政策体系研究。

六是实施质量生态合作伙伴行动计划，适时组织质量生态合作伙伴遴选，通过试点示范带动质量数据流通应用。

2. 持续强化与国家相关政策叠加联动效用

持续在制造业产品和服务质量提升、工业质量品牌建设、质量管理数字化实施指南、卓越质量工程、中试能力建设等相关政策文件中，加大对质量大数据建设与应用的支持力度，接续打出政策措施组合拳，深度释放政策效能。

3. 建立健全质量大数据建设应用协同机制

一是积极推动与各相关部委、地方政府、行业组织、重点企业等建立质量大数据共享合作机制或备忘录，加快形成跨部门、跨行业的质量大数据联动服务能力，强化对其他主体的赋能作用，激发相关共享数据的内生动力，打破质量大数据建设应用过程中面临的壁垒，协同推进重大事项的开展。

二是从产业角度，加快出台质量大数据资源共建共享顶层设计文件，如政策制度、保障体系、激励措施等，解决跨部门、跨企业、跨区域数据共建共享的政策壁垒。

三是推动政府管理部门、相关行业协会、科研院所、制造业企业等主体共建产业链供应链质量数据湖、资产链价值链质量数据生态圈以及本行业/跨行业领域质量管理协同生态。

四是探索"数据合作社"等新型数据合作模式，推动质量数据生态的聚合。

(二) 强化标准供给，提升规范化支撑能力

1. 构建质量大数据资源体系目录

一是编制制造业通用质量大数据资源体系目录，从顶层统一跨企业、

跨行业、跨区域间制造业质量数据信息的一致性，为实现产业质量数据的集成与融合，推动全供应链质量数据资源共建共享，打造质量大数据生态圈解决好顶层前置条件。

二是在《制造业卓越质量工程实施意见》《制造业质量管理数字化实施指南（试行）》《制造业企业质量管理能力评估规范》等原则框架下，研究质量管理大数据专项资源体系目录，统一"质量管理大数据"的内涵与外延。

三是鼓励大中型骨干企业、龙头企业，牵头提升重点领域、重点行业上下游企业的协同性，建成覆盖全产业链和产品全生命周期的细分领域质量管理和产品质量数据资源体系目录。

四是指导企业根据质量大数据建设和业务应用需求，从质量数据全生命周期角度，构建企业级质量数据分级分类资源编目，解决制造业企业普遍面临不知道质量大数据"在哪里"的难题，为企业构建企业质量大数据资源资产，挖掘质量大数据价值，形成质量大数据服务体系夯实基础。

2. 联合推动共建共享类标准研制

一方面，支持各部门、行业、区域、企业间等不同层级的数据资源建设，鼓励对质量大数据资源实施分级分类管理；另一方面，从质量数据全生命周期各层级，建立统一的数据采集、存储、分析、交换标准规范体系，为质量大数据资源的共建共享提供技术保障，解决质量数据开放共享的技术壁垒。

3. 加快编制顶层治理类体系标准

一是依托智库机构，根据 GB/T 34960.5-2018《信息技术服务治理第5部分：数据治理规范》给出的数据治理框架，加快研制制造业质量大数据管理与治理标准体系架构，全面指导质量大数据管理与治理类标准研制工作。

二是支持相关标准化组织，加快立项、编制质量大数据技术架构、业务架构，数据融合、数据治理、数据管理，数据服务、数据共享、数据安全，以及数据评价与改进、数据质量监测、数据运营服务等质量大数据全生命周期管理与治理类标准。

三是探索在部分地区或行业领域开展质量大数据的质量提升试点。

4. 补充完善技术类标准体系建设

一是研究制定质量大数据技术标准体系建设顶层架构，全面指导相关标准化组织、制造业企业等研制质量大数据技术类标准。

二是结合工业大数据应用情况，补充完善制造业质量大数据术语定义、参考架构、分级分类等基础规范标准。编制质量大数据元数据、数据共享、数据交换等主数据标准。加快推进主题库、专题库、系统平台等指南类标准建设。重点支持智能装备、智能生产线、智能车间、智能工厂等领域的质量大数据技术标准和规范研制。指导电子、通信、汽车等行业，研制质量大数据应用类标准。

三是研究编制《制造业企业质量管理能力评估规范》的技术类配套标准体系，为"质量管理大数据"的汇集、治理、应用、用好等提供技术保障。

四是形成一批产品质量检验检测方法与标准、质量管理能力与产品质量评估评价工作方法等配套标准体系。

5. 加大推广力度强化贯标水平

一是利用线上和线下多种渠道形式，扩大质量大数据相关标准获取渠道，推动重点标准的宣传和培训，加大宣传力度和范围。

二是实施《制造业企业质量管理能力评估规范》，宣贯与培训专项行动，在全国推动形成"质量管理大数据"理念，提高"质量管理大数据"的意识和认知水平。

三是建立质量大数据相关标准实施情况反馈渠道，及时修订和更新不适配标准，提升质量大数据的标准质量。

四是重视并实施质量大数据贯标认证工作，强化标准监督执行，提高标准执行力度。

此外，在工信部"百项团体标准示范"设置质量大数据专项赛道。

（三）加快数字化变革，促进技管深度融合

1. 持续强化数智化技术赋能支持力度

一是持续推动制造业数字化转型升级和质量管理数字化，加速促进质量数据的涌现、流动和积累。

二是支持智库机构、行业协会、制造业企业等构建质量特性数据库、质量特性知识图谱、质量特性知识智能化应用、质量管理知识库等，通过数字化技术积累沉淀形成质量数据资产，并重塑企业质量管理模式。

三是鼓励探索利用区块链等新一代信息技术，深化以数据共享为导向的贡献激励机制和评估认证机制，促进质量大数据共建共享。

2. 聚力做好"硬"平台支撑能力建设

一是鼓励建设制造业质量大数据公共服务平台，为行业管理部门宏观决策提供支撑。

二是支持相关行业协会、龙头企业、社会团体、专业机构等依托工业互联网平台、数据集成平台等，建设行业质量大数据平台，横纵双向打通各条线数据，对行业质量相关数据进行统一汇聚和集成。支持在区域集群内建设推广质量大数据应用和管理平台，实现区域制造业大数据汇集应用。

三是联合地方政府、行业协会、龙头企业、链主企业以及需求市场主体等，大力推动制造业企业质量管理能力评估平台的应用，适时升级平台功能，为"质量管理大数据"汇集畅通渠道，为"质量管理大数据"的深化应用营造良好政策环境和发展氛围。

四是要注重以平台建设为抓手，带动国家、行业、团体、企业等各层级管理与技术类标准的编制工作，以系统平台建设为抓手，实现数据的标准统一和数据治理。

3. 充分释放"软"平台资源赋能效能

一是政府牵头或指导制造业行业龙头企业共建行业质量大数据共建共享联盟等组织，充分发挥桥梁纽带作用，推动制造业行业汇聚多元质量大数据资源，解决行业质量大数据共性问题。

二是组建制造业质量大数据应用专家咨询组，择机试点开展质量大数据应用工作，提升制造业质量大数据应用水平。

三是培育质量大数据咨询服务商、数据资源集成商、数据分析技术服务商、数据交付服务商及数据治理商等相关产业发展，推出更多质量大数据产品，助力构建数字化供应链产业链、打造数字化生态。

(四) 建立双向激励，激发企业主体责任意识

1. 建立长效正向激励激发活力增强动力

一方面，适时开展制造业质量大数据典型案例等征集，围绕质量大数据，策划开展质量大数据故事大赛、质量大数据创新成果等专题活动，形成长效化的正向激励机制，激发企业建设应用质量大数据的内生动力。积极争取在相关活动中设置质量大数据建设与应用专题，与相关活动形成联动效应。另一方面，联合地方政府、行业组织、龙头企业等，组织实施质量管理能力制造业企业质量管理能力专项行动，深化央、地、行业合作和互动力度，扩大"质量管理大数据"汇集规模，共同推动制造业企业质量管理能力升级。

2. 实施结构性压力逆向激励长效措施

一是利用制造业质量大数据，支持以构建"指数"压力，开展高水平的质量管理与产品质量评价工作。例如，定期发布制造业企业质量管理等级、质量管理生态指数、质量管理景气指数、质量大数据创新应用指数、用户满意度指数、产品质量舆情、产品质量星级、企业主体风险等，调动

行业、地区、企业对质量的关注度。

二是以"质量管理大数据"分析为基础，研究绘制质量管理星级图谱、质量管理风险图谱、质量提升技术指南等。以制造业企业质量管理能力评估平台为依托，探索建设全国制造业企业质量管理能力"一张图"。

三是支持按照产品是否关系国计民生且涉及健康安全、产品监督抽查批次合格率情况等指标，对制造业产品质量水平高风险产品、中风险产品与低风险产品分类；按照企业主体责任的质量品牌口碑、产品质量曝光、用户满意度等指标，制定企业分类规则；按照产品分级和企业分类的情况，以不同颜色标识地图区域，动态掌握全国重点产品企业分布情况，并以此为基础建设的制造业质量"产品分级、企业分类、区域分色"的"三分"一张图。

3. 注重在塑造上深挖宣传、以点带面

一方面，支持制造业企业质量大数据建设应用，持续推动制造业企业质量管理的数智化转型与升级，利用线上+线下等多渠道结合方式，积极推介和展示质量大数据建设应用先进经验和做法，促进整个制造业形成大力推动质量大数据应用的良好氛围；另一方面，面向社会定期公布逆向激励结果，形成警戒警示压力，倒逼相关主体切实压实质量管理升级、产品质量提升主体责任，推动形成行业自律和社会监督机制。

第五节　发展对策与建议

为保障前述制造业质量大数据实施路径顺利执行以及具体举措工作的有效实施，建议行业管理部门强化保障措施，确保质量大数据建设应用取得显著成效。

一、加强组织领导

要高度重视制造业质量大数据应用建设应用工作，强化与各层面协同联动与共建共享，做好政策、标准等宣传、解读工作。结合实际，指导制造业企业、相关社会团体组织等主体落实相关举措，强化督促、指导、协调工作的力度。

二、加大资源投入

要强化质量大数据相关工作资源投入，在组织产业化示范工程、国家科技重大专项中，给予制造业质量大数据领域的支持。

三、实施试点工作

以各地推进制造业企业质量管理能力评估为契机，联合相关主体开展制造业细分领域、区域等制造业质量大数据建设应用试点工作，并对试点进行评估，对实践证明行之有效、市场主体欢迎的要及时在更大范围复制推广。

四、注重正向引导

强化制造业质量意识、创优理念，积极推介和展示质量大数据建设应用先进经验和做法，不断加强宣传推广和应用，推动促进制造业企业形成卓越质量的良好氛围。

第四章

制造业创新发展的基础：
中试建设

第一节 中试的概念与内涵

一、中试的概念

中试是中间试验（pilot-scale experiment）的简称。从政策角度看，《制造业中试创新发展实施意见》（工信部联科〔2024〕11号）指出，"中试是把处在试制阶段的新产品转化到生产过程的过渡性试验，是科技成果产业化的关键环节，是制造业创新体系的有机组成部分和现代化产业体系的重要支撑"。从产业角度看，中试是指在产品从实验室小试成功后到大规模工业化生产之前的一个试验阶段，其主要目的是验证和完善小试成果，解决从小试到工业化生产过程中可能出现的技术、工艺、工程放大等一系列问题。中国高科技产业化研究会调研数据显示，科技创新成果经过中试，产业化成功率可达80%，而未经中试，产业化成功率只有30%。可以看出，中试是科技成果向生产力转化的必要环节，是稳定产业化的前奏，是研发到生产的必由之路，也是降低产业化实施风险的有效措施。

二、中试与技术成熟度的关系

技术成熟度（technology readiness levels，TRL）是科技成果的技术水平、工艺流程、配套资源、技术生命周期等多维度所具有的产业化实用程度，其概念最早可以追溯到1969年，当时美国航空航天局（NASA）提出了要开发技术成熟等级评估工具的设想。1974年，NASA首次提出了7级的技术成熟度体系。1989 年，NASA 将原有 7 级体系扩展到 9 级，到了 1995 年，NASA 起草并发布了《TRL 白皮书》。该白皮书将 TRL 分为 9 级，用于评估正处于演进过程中的技术（材料、组件、设备等）的成熟状况，以确定是否能够应用在未来的系统或子系统中。2000 年，美国国防部（DOD）正式采纳 NASA 提出的 TRL 体系，用于评估并改进技术研发的质量。此后，TRL 体系开始在包括英国、法国和日本等国家推广应用。总的来说，TRL 已经被证明是一种在不同机构间传递有关新技术状态的非常有效的参数，部分发达国家在历次工业化进程中，围绕 TRL 等级，已经形成了比较成熟的中试服务体系。

2009 年，我国引进了美国 NASA 的技术成熟度等级并被改良编制成为国家标准 GB/T22900-2009《科学技术研究项目评价通则》，用于对科研和技术开发项目进行管理和评价。根据我国国家科技部的技术成熟度评价标准，随着技术研发的深入，从基础研究、概念验证、小试、中试，最终到达大规模产业化应用的阶段，技术成熟度逐渐提升。在通常情况下，基础研究对应技术成熟度 1 级；概念验证对应技术成熟度 2~3 级，是对早期科研成果的产业化可行性进行验证；小试对应技术成熟度 4 级，是在实验室环境下对关键功能试样/模块进行试验或仿真验证。而中试是对应技术成熟度在 5~8 级的试验验证活动，是指能够助力科技成果跨越创新之"死亡谷"，推动科技成果加快工程化、产业化。

三、中试基地与概念中心的关系

关于中试基地的概念，湖南省科学技术厅在《湖南省科技成果转化中试基地认定管理办法（试行）》中指出，"中试基地是指聚焦科技成果转化关键环节，以行业优势科教资源或企业科研平台为依托、由法人单位建设或运营、聚集中试设施设备、具备专业人才资源、对小试研发成果进行二次放大和熟化研发，进而为企业规模生产提供成熟、适用、成套技术的成果转化服务实体，是支撑引领产业创新发展，加速科技成果产业化的重要平台"。而长沙市科学技术局在《长沙市科技成果转化中试基地认定管理办法（试行）》中指出，"中试基地是具备固定场地、技术设备条件、中试服务能力，围绕尖端产品创制、概念产品试制、紧缺产品研制等中试需求，提供中试服务的产业化开放型载体，定位于创新链中下游，致力于实现'基础研究技术攻关技术应用成果产业化'全过程无缝连接，是从研到产的'中间站'和紧密链接创新链上下游的重要桥梁"。而陕西省科学技术厅在《加快中试基地建设　推进产业链创新链深度融合实施方案》中指出，"中试基地，是指聚焦科技成果转化关键环节，为科技成果进行二次开发实验和企业规模生产提供成熟、适用、成套技术而开展中间试验的科研开发实体，是实现科技成果工程化、产品化、产业化的重要平台。主要目的是打通从成果到样品、产品的通道，加速科技成果转化，促进产业链创新链深度融合"。可以看出，中试基地位于产业链的中游，主要负责将上游科研成果进行二次开发和优化，以实现从实验室到市场的转化。它连接了基础研究和市场应用，是科技创新的重要环节。

关于概念验证中心，广东省科学技术厅指出，"概念验证是成果转化不可或缺的环节。广东省正在因地制宜开展概念验证中心的建设工作。依托广东省的实验室体系开展概念验证中心建设，这些实验室都是各自产业细分领域的头部研发机构，强化这些机构概念验证职能能够为科技成果转化创造更好的条件"。而深圳市科技创新委员会在《深圳市概念验证中心和中小试基地资助管理办法》中指出，概念验证中心是依托具备基础研究能力的高等院校、科研机构、医疗卫生机构和企业，聚集成果、人才、资本和市场等转化要素，营造概念验证生态系统，加速挖掘和释放基础研究成果价值的新型载体。

从政府文件关于中试基地和概念中心的定义可以看出，概念中心和中试基地是两个不同的概念。虽然两者存在一定程度的交叉和重叠，但是二者的区别相对较大。经过笔者的摸排调研，业界普遍认为二者存在三个建设层面的不一样。

一是建设定位不一样。概念验证主要是为了早期科技创新成果的配置资金、开展技术和商业化等，开展降低风险和验证可行性的行为，且在一定程度上是为了吸引进一步的投资，以更好地打通科技成果转化各个关键节点中阻碍。而中试是为科技成果进行二次开发实验和企业规模生产提供成熟、适用、成套技术而开展中间试验。简单地说，概念验证通常聚焦是否可行和是否可以作出来，目前全球范围内的概念验证中心除了提供验证基金外，还可以提供创新创业专家咨询、创业培训教育、举办各类交流论坛等多层面的服务。而中试则更加聚焦能否规模化和产品化。从产业链的位置分析，概念验证在科技创新的链条上相比中试验证，则处于靠前（上）的位置。

二是建设的主体不一样。经过统计，全球范围内的概念验证中心建设的主体大多由高等院校、科研院所、龙头企业等牵头，而中试建设主体则通常是企业或第三方服务机构。此外，制造业企业也会联合高等院校、科研院所等共建中试基地。由于概念验证和中试的主要作用均为连接科技成果转化两头的"桥梁"，涉及的主体较多，因此多元主体联合建设的平台在运营方面更具优势，能够在市场中占据一席之地，而单一主体建设的平台，则更加关注自身业务发展需求，少数兼顾其下游供应链的需求，总体运营效益不如多元主体建设的平台。

三是建设的位置不一样。概念验证中心通常需要紧邻高校、科研院所等主体，通常在高等院校、科研院所的实验室进行概念验证。中试则与企业密切相关，通常在制造业企业聚集区建设，甚至部分中试验证是在制造业企业的生产线上进行的。

四是建设的要求不一样。概念验证中心更强调高精专人才，强调的是科技成果转化相关的"软"能力，要有专业团队负责对产品进行"量身定制"的市场评估和商业计划，从技术产品的概念研发阶段开始深挖其商业价值。中试则更强调物的条件，强调的是科技成果转化相关的"硬"能力，必须具备固定场地、技术设备条件等能力。

五是建设的投入不一样。概念验证中心的资金来源主要是财政支持、社会捐赠和资助项目等，主要的投入是验证基金和专业化人才引进等，通常资金投入比较小。中试主要的投入是中试设备、场地和人才等，通常资金投入比较大，且多需自筹，对外提供服务是其运营效益的重要考量。

第二节 发展中试的重要意义

目前，国家对科技创新提出了更高的要求。《推动创新链产业链资金链人才链深度融合》一文指出，自党的十八大以来，习近平总书记多次就产业链、创新链、资金链和人才链发表重要论述，有力推动了创新驱动发展战略持续深化。在 2013 年 9 月举行的十八届中央政治局第九次集体学习和 2014 年 6 月召开的两院院士大会上，习近平总书记强调围绕产业链部署创新链，围绕创新链完善资金链，并对完善人才发展机制进行了全面部署。2019 年 5 月，习近平总书记到江西考察，要求江西牵住创新这个"牛鼻子"，走出一条创新链、产业链、人才链、政策链、资金链深度融合的路子。2020 年，习近平总书记在陕西、湖南等地调研，在深圳经济特区建立 40 周年庆祝大会上讲话时，反复强调围绕产业链部署创新链，围绕创新链布局产业链。在 2021 年 5 月召开的"科技三会"上，习近平总书记提出创新链产业链融合，并在 2022 年 3 月召开的中央全面深化改革委员会第二十四次会议上，强调促进产业链创新链深度融合。2022 年 10 月，习近平总书记在党的二十大报告中提出，推动创新链产业链资金链人才链深度融合。

此外，李强总理在 2024 年全国两会《政府工作报告》"2024 年政府工作任务"中，明确提出要"大力推进现代化产业体系建设，加快发展新质生产力。充分发挥创新主导作用，以科技创新推动产业创新"。中试作为科技创新落地的关键环节得到了政府部门的高度关注。从国家层面看，2024 年 1 月，工信部、发改委联合印发《制造业中试创新发展实施意见》，意见明确支持龙头企业提供应用场景和试验环境，推动国有企业加强中试自主创新技术和产品推广，在关键领域率先落地应用。2024 年 3 月，李强总理在全国两会《政府工作报告》"2024 年政府工作任务"中，要明确"加快重大科技基础设施体系化布局，推进共性技术平台、中试验证平台建设"。

当前，全球新一轮科技革命和产业变革正加速演进，技术成果直接转化为生产力和经济效益的周期缩短。从国内看，我国产业升级需求迫切，对技术创新成果应用的需求同样变得迫切起来，中试能够解决科技成果放大至产业化规模过程中的工艺匹配性、批量稳定性、成本经济性等一系列问题。

一是中试服务平台是科学技术向生产领域转移的技术经济重要抓手。中试作为科技创新成果迈向产业化的桥梁，是科技创新成果产业化过程中承上启下的关键环节。以高等院校、科研院所的实验室科技创新成果为技术源，在模拟生产服务的中试平台上进行技术、生产和营销的创新性实验开发，以验证、校证和修改实验室创新成果的可行性，在这一过程中，科学家、发明家与工程技术人员开展合作，充分融合各自的专业知识与实践经验，共同攻克技术难关。他们能够以更低的成本、更快的速度，收集到宝贵的应用与生产数据，积累起直观且实用的经验。同时，中试过程中暴露的问题能够及时反馈给技术研发团队，促使他们迅速调整策略，加速样品的优化与工艺的成熟。这不仅让科技创新成果更加贴近市场需求，还显著缩短了其从实验室到市场的距离，极大地降低了成果转化的技术风险、生产风险、营销风险和投资风险，从而提升科技成果产业化的效率与成功率。

二是中试服务平台是鉴定和评价科技成果知识价值的重要手段。中试平台承担了科技成果后续试验、应用性开发的技术链向产品延伸的关键环节。因为中试鉴定是中试工作的内容之一，在完成中试技术、中试生产和中试市场实验后，还要进行产品结构、技术的成熟度、性能工艺性和经济性的鉴定和评价，使科技成果的技术可行性、经济合理性进一步得到论证，从而有效地模拟验证规模化生产过程，改善工艺流程，提高科技成果的产品化，加速成熟技术在不同领域的广泛应用，开拓技术市场化应用能力和服务能力，提升产业核心竞争力。从科技成果价值的鉴定与评价方面，中试服务平台是检验成果市场化的重要保证。

三是中试是加快实现高水平科技自立自强和未来产业培育的重要途

径。一方面，当前以美国为首的西方国家通过出口限制、技术封锁、制裁名单等方式，对中国制造业发展进行全方位的封堵，对我国高技术产业发展产生深刻影响。我国急需突破"卡脖子"技术实现国产替代以满足制造业高质量发展的需要。聚焦"卡脖子"领域加强中试能力建设，对于推动国产关键材料、核心装备及工艺的验证熟化，加快国产替代进程具有重要意义。另一方面，面向国家重大需求和战略必争领域，国家和地方政府正在大力布局未来制造、未来信息、未来材料、未来能源、未来空间、未来健康等未来产业，未来产业的发展壮大需要中试服务的有力支撑。搭建中试平台，完善中试服务网络，为未来产业领域的关键技术和创新产品提供试验验证环境，能够加速这些技术和产品更快地走向市场，进而形成未来产业新赛道。

第三节　我国中试发展的支持政策

近年来，我国坚持创新驱动发展战略，将加强自主创新提升到了战略层面的高度，加快推动科技成果转化、应用被视为现代化产业体系和实现高质量大战的关键环节，面对行业旺盛的中试需求，在此背景下，中试作为推动科技成果转化的重要驱动力受到了国家各部委、各地方政府的普遍关注，纷纷出台相关政策，支持建设中试能力。本书重点介绍近几年与中试强相关的政策。

一、工业和信息化部

2024 年 1 月，工业和信息化部、国家发展改革委联合印发《制造业中试创新发展实施意见》的通知，通知提出了 2025 年、2027 年的阶段性目标：到 2025 年，我国制造业中试发展取得积极进展。重点产业链中试能力基本全覆盖，数字化、网络化、智能化、高端化、绿色化水平显著提升，中试服务体系不断完善,建设具有国际先进水平的中试平台 5 个以上,中试发展生态进一步优化,自主研发的中试软硬件产品投入使用,中试对制造业支撑保障作用明显增强。到 2027 年,我国制造业中试发展取得显著成效。先进中试能力加快形成,优质高效的中试服务体系更加完善,中试发展生态更加健全,为产业高质量发展提供有力支撑。

此外,意见还给出了布局现代化中试能力的任务。一是加快中试能力体系全覆盖:科学规划覆盖重点行业的先进中试能力,形成完善的中试技术体系、先进的中试服务网络和有效的中试软硬件产品供给。建设一批有较强行业带动力的重大中试项目。二是促进中试能力建设工程化:实施制造业中试能力提升工程。推动流程型制造企业建设面向产品试制和批量生产的中试能力,推动离散型制造企业建设面向新产品研发和持续迭代的中试能力。三是推进中试数字化:推广数字技术在工艺工装测试、缺陷检测、预测性维护等试验场景的解决方案。鼓励企业挖掘数据价值,构建数字孪生系统,开展虚拟仿真实验,实现无实物样机生产。四是推进中试网络化:深化工业互联网、物联网、5G 等技术在中试环节的应用。推动企业与供应商云上共享试验数据资源。推广中试云服务,满足中试云化需求。五是推动中试智能化:推动智能中试线建设,加快中试智能化改造。推动机器视觉、机器学习、人工智能大模型在中试环节的应用。六是推动中试高端化:加快高精度测量仪器、高端试验设备等产品研制,加强设计仿真软件攻关。对具有重大应用前景、高附加值的试验材料、高端产品和装备,优先纳入首批次材料、首台(套)装备应用指导目录。七是推动中试绿色化:推广资源消耗低、环境影响小、本质安全可靠的新模式。引导企业建设绿色安全中试线,推进绿色技术软件化封装,提升中试资源综合利用效率。

2024 年 9 月,为深入贯彻党中央、国务院决策部署,落实《制造业中试创新发展实施意见》(工信部联科〔2024〕11 号),加快布局建设一批制造业高质量发展急需的中试验证平台,提高科技成果转化和产业化水平,工业和信息化部办公厅发布了《关于加快布局建设制造业中试平台的通知》,通知主要包括总体要求、建设目标、相关工作安排三部分内容,同时提出到 2027 年，在有条件的地方培育建设一批省部级制造业中试平台，遴选认定若干个辐射范围大、转化能力强、发展机制好、具有国际先进水平的国家制造业中试平台。此外，通知还发布了《制造业中试平台建设指引（2024 版）》《制造业中试平台重点方向建设要点（2024 版）》相关附件，要求地方工业和信息化主管部门根据制造业中试平台建设指引、重点行业方向建设要点，结合地方特色优势提出中试平台建设布局，突出公共服务性质和功能，明确建设模式、建设路径，制定和完善中试平台培育等有关程序，健全有进有出的培育储备和动态调整机制，推动中试平台建设。

其中，《制造业中试平台建设指引（2024 版）》提到了制造业中试平台功能定位、建设方向、建设模式、建设内容和路径等。其中，建设方向为原材料工业、装备制造、消费品工业、信息技术、新兴和未来产业、共性需求等；设模式包括政府投资公共服务、高校院所成果转化、多元主体联合共建、企业运营市场服务、企业建设适度开放、龙头企业自主建设；建设内容和路径提出要明确建设运营模式、鼓励多元资金投入、强化试验基础设施、构建技术支撑体系、搭建试验专业场景、培育专业人才队伍、提升自我运营能力和提高公共服务水平。

二、国家金融监督管理总局

为深入贯彻党的二十大和中央经济工作会议、中央金融工作会议精神，推动更多金融资源用于促进先进制造，引导金融机构以服务制造业高质量发展为主题，深化金融服务，助力推进新型工业化，国家金融监督管理总局、工业和信息化部、国家发展改革委联合发布了《关于深化制造业金融服务　助力推进新型工业化的通知》（以下简称《通知》）。《通知》共十七条措施，明确了制造业金融服务的总体要求，围绕金融支持制造强国建设、推进新型工业化重点任务，从优化金融供给、完善服务体系、加强风险防控等方面，对做好制造业金融服务提出了工作要求。

其中，《通知》在"二、围绕重点任务，加大制造业金融支持力度——（四）着力支持产业科技创新发展"中明确提出，银行保险机构要深入实施创新驱动发展战略，完善风险与收益相匹配的科技投融资体系，加强科技型企业全生命周期金融服务，助力推进新质生产力发展。积极支持科技型中小企业、创新型中小企业、高新技术企业、"专精特新"中小企业、企业技术中心所在企业、制造业单项冠军企业、承担国家科技重大项目的企业等经营主体创新发展，推进关键核心技术和产品攻关突破。保险公司要大力发展科技保险，提供科技研发风险保障产品和服务，完善攻关项目研发风险分担机制。银行保险机构要围绕制造业关键领域中试服务，探索个性化、针对性的支持方式，与中试机构合作开展相关保险业务，支持科技服务业加快发展，促进科技成果加速转化。

三、地方政府中试政策

据不完全统计，截至 2024 年 12 月，我国绝大部分省级政府部门大多推出了中试建设整体或相关细分领域的中试支持政策。本书重点梳理了 6 个比较典型的地区支持政策，以期业界有所参考。

（一）上海市

2024 年 9 月，为进一步完善支持科技服务业发展政策体系，持续强化科技创新策源功能，推动上海国际科技创新中心建设，上海市人民政府办公厅印发了《上海市加快科技服务业高质量发展的若干措施》（以下简称《措施》），《措施》自 2024 年 10 月 10 日起实施，有效期至 2027 年 10 月 9 日。《措施》包括 4 个板块内容：（1）壮大主体，提供高质量发展新动能；（2）优化结构，构筑高质量发展新优势；（3）提升能级，开辟高质量发展新赛道；（4）强化引导，营造高质量发展新生态。其中，（1）板块重点提出，要强化科技服务示范引领作用，支持科技服务业企业组建企业实验室、技术创新中心、专业技术服务平台、外资研发中心、开放式创新中心、创新联合体等，按照相关规定予以支持。（2）板块提出，要加大新兴领域企业培育力度，鼓励科技服务业企业建设概念验证中心、中试基地等科技成果转化平台。大力发展技术转移服务业，支持技术转移机构专业化、规模化、国际化发展。鼓励本市高校院所开放科技成果资源，促进成果转化等中试及科技成果转化内容。

此外，2024 年 9 月，上海市奉贤区人民政府在《关于推进科技创新发展新质生产力促进产业高质量发展的若干意见》文件中提出了 4 个聚焦：（1）聚焦强链补链，加速产业集群化发展；（2）聚焦创新转型，加速产业高端化发展；（3）聚焦要素保障，加速产业协同化发展；（4）聚焦资源整合，加速产业融合化发展。其中，（2）板块，重点提出要加快概念验证中心、中试熟化平台、产业化示范基地创新平台建设、加大创新主体培育、推动科技成果转移转化等内容。

（二）广东省

2024 年 6 月，广东省人民政府办公厅印发《关于加快构建现代化中试平台体系推动产业科技互促双强的实施意见》，明确要加快构建具有全球影响力的现代化中试平台体系，强化产业中试能力支撑，推动产业科技互促双强，加快发展新质生产力，要围绕广东省重点发展产业领域的中试服务需求，聚焦有前景、有优势、有潜力、有特色的细分领域，谋划布局全省多层次、体系化中试服务体系。坚持创新驱动，加速国产材料、装备及技术工艺的验证熟化与产业化，实现高水平产业科技互促双强，要按照"授牌一批、新建一批、提升一批"的思路，近期优先认定和集中资源建设一批亟须"锻长板、补短板、惠中小"的省中试平台，后续逐步建立覆盖全省重点产业领域的中试平台体系。此外，该意见还提出了 2025 年、2027 年的阶段性目标。

到 2025 年，要建成 30~50 家功能定位清晰、服务实力强劲、运营管理高效、战略意义显著的省中试平台，其中 5~8 家达到国内行业标杆水平，2~3 家具有国际竞争力和生态主导力，全省现代化中试平台体系初步成形。

到 2027 年，要初步实现中试服务能力对全省主要产业领域全覆盖，现代化中试平台体系基本建成，中试公共服务能力在国内处于领先水平，高效服务和政策保障体系更加完善，中试产业生态更加健全，加快形成新质生产力，有力支撑全省经济高质量发展。

(三) 四川省

在四川省层面，2023 年 6 月，为加快推进中试研发平台建设，打通科技成果转移转化通道，科技厅会同财政厅联合印发《四川省中试研发平台建设运行管理办法》。中试研发平台建设坚持要"聚焦产业、择优布局、分类管理、定期评估、动态调整"的原则，强化资源集成利用和开放共享，大力促进科技成果中试研发，提升科技成果转化实效，促进创新链产业链资金链人才链深度融合。

在成都市层面，2023 年 7 月，成都市科学技术局印发《成都市概念验证中心和中试平台资助管理办法（试行)》，明确了概念验证中心和中试平台建设的共性基础条件和特定基本条件，在特定基本条件上，从场地面积、专业服务人员、设施设备条件、提供公共开放共享服务等方面，对概念验证中心和中试平台建设提出了针对性建设条件；鼓励各类主体采取联合或独立方式建设面向社会开放共享的概念验证中心和中试平台。在加快建设布局概念验证中心和中试平台的同时，面向成都重点产业链成果转化和经济高质量发展需要，为助推产业建圈强链提供高质量科技供给。

此外，2024 年 5 月，成都市人民政府办公厅印发《成都市建设西部中试中心实施方案》，明确要坚持科技创新引领，突破科技成果产业化关键环节，锚定"科技成果转化能力明显提升、生态更加优化、引领带动增强"总体目标，按照产业为本、需求牵引，政府引导、市场主导，开放共享、协同发展的原则，以建设中试平台和提升中试能力为关键，以集聚"四链融合"要素资源为支撑，以"中试+"生态体系推进科技成果加速产业化，全力打造带动西部、服务全国的西部中试中心。此外，方案提出到 2025 年，要聚集 100 个重点中试平台，服务 500 个重大中试项目，推动

500 个创新产品上市，孵化 100 家科技创新企业，培育技术经理（经纪）人才 4 000 名等。

（四）湖北省

2018 年，湖北省委、省人民政府印发《中共湖北省委　湖北省人民政府关于加强科技创新引领高质量发展的若干意见》（鄂发〔2018〕28 号），明确要求建设科技成果中试熟化基地。为深入贯彻落实意见精神，充分发挥市场配置资源的决定性作用和更好地发挥政府的引导作用，湖北省科技厅经过广泛调研，研究起草了《湖北省科技成果转化中试研究基地备案管理办法》（以下简称《管理办法》）。《管理办法》明确要聚焦产业需求，面向生物医药、新材料、先进制造、新一代信息技术等战略性新兴产业领域以及创新创业服务领域，围绕满足科技成果转化中试研究需要，布局组建一批通用型中试基地，为推动科技成果从小试向产业化技术水平跃升创造条件；要依托现有基础，依托省内龙头企业的技术创新平台、国家级或省级重点实验室、产业技术研究院等科研机构已有的中试研究设施，对具备对外提供中试研究服务能力和条件的，按照自愿原则，纳入备案管理，支持其进一步改善提升中试条件，建立完善对外服务的管理制度体系，承担对外中试研究服务任务；要坚持开放共享，遵循市场化、专业化运行原则，创新体制机制，鼓励和支持纳入备案管理的中试基地面向社会开放，为省内有需求的企业和科研单位提供中试研究服务；鼓励和支持省内企业和科研单位依托纳入备案管理的中试基地，通过购买服务或合作开发等形式开展中试活动，形成供需结合、持续发展的良性循环，推进科技成果快速转化。

此外，武汉市为贯彻落实《武汉市打造国家科技创新中心实施方案（2021—2025 年）》（武办文〔2021〕20 号）和《武汉市创新发展三年行动方案（2022—2024 年）》融合对接各类创新资源，打造科技成果转化中试生态，推进武汉市中试平台（基地）建设工作，武汉科技局印发了《武汉市科技成果转化中试平台（基地）备案管理办法》，其对象为围绕概念验证、产品试制、产学研联合攻关等小试、中试需求，对科技成果进行二次开发实验，为企业规模化生产提供成熟、适用、成套技术而开展中间试验的科研开发实体。鼓励高校院所、新型研发机构、双创孵化载体、园区和企业，按照"市场配置资源、政府引导支持、坚持开放共享"的原则，依托优质科技创新资源和生产线、车间建设中试平台。鼓励各区、中试平台建设主体单位整体引进专业检验检测机构，建设集研发创新、中试服务、检验检测等多功能于一体的综合性、一站式中试平台。

（五）陕西省

2022 年，陕西省科学技术厅印发《关于加快中试基地建设 推进产业链创新链深度融合实施方案》，方案围绕陕西省 23 条重点产业链和产业技术细分领域，提出了布局建设陕西省中试基地，其中明确要聚焦中试熟化放大、概念验证和应用场景建设，依托科技领军企业、龙头骨干企业、高校院所、科技园区等优质创新资源，从 2022 年开始，每年支持建设 5 ~ 10 家中试基地，到 2025 年，省级中试基地达到 30 家以上，基本实现重点产业链全覆盖，形成各具特色、行业共享、可持续发展的科技成果转化中试服务体系，为促进科技成果转化和实现"两链"融合发展提供有力支撑。

2024 年，为实施好秦创原建设新一轮三年行动计划，加快建设一批高能级的概念验证中心和中试基地，及时将科技创新成果应用到具体产业和产业链上，陕西省科技厅制定了《加快建设概念验证中心和中试基地的实施意见》，意见提出要围绕陕西省重点产业链和产业创新聚集区建设，以"概念验证+中试基地"双支撑加快科技成果产业化，到 2026 年底，培育认定 60 个概念验证中心和中试基地，开展 500 项概念验证、500 项中试熟化服务，推动 300 个新产品上市，孵化 200 家科技型企业，形成具有陕西特色的科技成果转化模式，加快改造提升传统产业、培育壮大新兴产业、布局建设未来产业。

（六）浙江省

2024 年 6 月，为贯彻工信部、国家发展改革委决策部署落实《制造业中试创新发展实施意见》，以科技创新推动产业创新，构建完善浙江省制造业中试平台体系，促进科技成果加速向现实生产力转化，浙江省经济和信息化厅印发了《浙江省制造业中试平台体系建设实施方案（2024—2027年)》，其主要包括总体要求、功能定位、建设布局、保障措施5个部分，在建设布局中提出了4个建设类型、3个方面的10项重点任务。其中，明确了2025年、2027年的目标。

到2025年，浙江省制造业中试平台体系建设实现4个万亿级和4个5 000亿级产业集群中试能力全覆盖；培育建设制造业中试平台20个，带动规上工业企业研发费用支出占营业收入比重达到3.2%。

到2027年，浙江省制造业中试平台体系建设取得显著成效，先进中试能力和优质服务供给能力加快形成，中试发展生态更加健全，基本实现"415X"先进制造业集群和新兴产业、未来产业中试能力全覆盖；培育建设制造业中试平台40个，打造具有国内先进水平的中试平台5个；中试赋能产业创新发展水平进一步提升，规上工业企业研发费用支出占营业收入比重达到3.4%以上，规上工业新产品产值率保持在40%以上。

第四节　我国中试能力建设模式经验

目前，我国上海、广东、四川、湖北、陕西等地纷纷开始推动中试能力建设，在政策引导与资金支持、产业资源对接与技术协同、强化重点产业中试供给等方面进行探索，取得了一定的实施经验。

一、上海市：市区联动打造中试平台

自2018年起，上海市为加速迈向全球科技创新中心行列，精准聚焦于生物医药、新材料、先进制造及新一代信息技术等关键战略性新兴产业，精心布局并构建了15个集研发与转化功能于一体的平台体系。这些平台的核心使命之一便是提供高效的中试服务，以加速科技成果从实验室走向市场的步伐。

在资金支持方面，上海市创新性地实施了"一台一策"资金配置策略，确保市级财政、区级财政与建设单位按约 1：1：1 的比例共同出资。市级财政作为主导力量，通过战略性新兴产业发展专项资金进行重点投入，并辅以精细化的管理策略。同时，运行资金则由市、区两级财政协同供给，其中市级财政依托市科技创新计划专项资金进行统筹，而各区则承诺不低于市级财政投入的资金支持，共同为平台运营注入强劲动力。值得一提的是，政府财政资金采取先"给钱"后"考核"模式，并积极探索财政投入"退坡"机制，原则上从第二个支持周期起，财政资金占总投入资金的比例逐渐递减。

在组织领导方面，上海市汇聚了市科委、市发展改革委、市经济信息化委、市财政局等多个核心部门及上海科创办、上海长三角技术创新研究院等机构的力量，共同成立了研发与转化功能型平台建设工作推进小组。该小组不仅负责平台的整体规划、遴选推荐与建设指导，还承担了考核评估的重任，确保平台建设的科学性与高效性。推进小组办公室设于市科委，全面统筹协调各项事务，确保平台建设的顺利推进与持续优化。

在平台管理方面，上海市人民政府采取了合同式管理模式，明确平台运营公司与各相关方（包括市科委、市人民政府推进部门、所在区人民政府及国有资本金代持机构等）之间的权利与义务。通过签署合同，详细约定建设目标、周期、任务、资金投入及评估考核指标等关键要素，确保平台建设的有序进行。同时，建立了严格的绩效考评制度，针对每个平台的实际情况制定个性化的评估方案，并至少实施中期与期满两轮评估。评估结果直接关联运行资金的拨付，形成了有效的激励与约束机制，推动平台不断提升服务能力与运营效率。

二、广东省：省级统筹布局中试平台

广东省将中试环节置于战略高度，视为粤港澳大湾区国际科技创新中心建设的关键驱动力，全省范围内统一规划、强化引导，确保"中试"概念深入各类重要政策文件之中。《广东省科技创新"十四五"规划》鲜明指出，要倾力打造具备全球视野的中试验证与成果转化高地。同时，《中共广东省委 广东省人民政府关于新时代广东高质量发展的若干意见》及《2024年广东省政府工作报告》均对中试平台构建提出了具体目标与要求。2024年6月，《广东省人民政府办公厅关于加快构建现代化中试平台体系推动产业科技互促双强的实施意见》（粤府办〔2024〕7号）正式印发，提出要围绕全省重点发展的产业领域的中试服务需求，聚焦有前景、有优势、有潜力、有特色的细分领域，按照"授牌一批、新建一批、提升一批"的思路，构建中试服务体系，推动产业科技互促双强。其中，深圳市采取"先建设、后认定"方式，佛山市则采用共建中试服务联盟的模式。

深圳市：聚焦"20+8"产业集群，支持一批中小试基地。《深圳市概念验证中心和中小试基地资助管理办法》（深科技创新规〔2022〕6号）提出要申请单位自主建设、自主管理中小试基地，建设完成并达到认定条件后，再独立申请认定资助。2023—2024年，深圳认定了两批共10个中小试基地、每家给予最高1 000万元的奖励。

佛山市：2024年5月出台《佛山市人民政府办公室关于加快发展中试产业的意见》，首批授牌20家中试平台，涵盖高端装备制造、新能源、新材料、智能家电等产业领域，并发布《佛山市中试产业服务联盟倡议书》，拟共建佛山市中试服务联盟，推动中试产业集聚。

三、四川、湖北、陕西等省：总体采用后补助模式

四川、湖北、陕西近年来也在大力推动中试能力建设，其核心的做法是开展中试平台的认定备案并给予财政资金后补助。

在四川省方面，省科技厅于2023年出台《四川省中试研发平台建设运行管理办法》，并连续两年开展申报认定工作。成都市旗帜鲜明地提出要全力打造带动西部、服务全国的西部中试中心，主要措施包括：一是绘制"路线图"。出台《成都市建设西部中试中心实施方案》，提出要"建

设中试平台""提升中试服务""完善中试生态""塑造中试品牌"4个方面12项重点任务。二是开展中试平台认定备案工作。2023年,成都市首批备案了30个中试平台,给予建设主体50万元后补助;对重大中试平台,按前两年内购置中试设备费用的30%,择优给予最高3000万元后补助;自备案次年度起,择优按年度服务性收入的30%给予运行补贴,连续3年累计最高500万元。三是在成都高新区打造了全国首个"中试+"生态园区。规划总面积达到100余万平方米,于2023年6月建成投运,首批21家经过认定的中试平台集中入驻。

在湖北省方面,省科技厅在2020—2021年对科技成果转化中试研究基地进行备案管理,两批共计备案了116家。武汉市从2022年开始对科技成果转化中试平台进行备案管理,两批共计备案了156家,并按照实际投资额的30%给予最高2000万元的补助,市、区各承担50%。

在陕西省方面,2022—2023年,陕西省科技厅认定了两批共10家省中试基地;西安市科技局2023年首批认定2家市级科技成果转化中试平台(基地),对考核结果为优秀、良好的市级中试平台(基地),给予最高300万元的一次性奖补支持。

四、北京市:园中园与校企合作引领中试

北京采用创新的园中园模式和校企合作策略,有效推动了科技园区内的中试产线建设和产学研深度融合。目前,北京市在科技园区内划分专门的中试产区,形成园中园促进企业间资源共享和合作,中关村科技园、亦庄生物医药园、电子城科技园等都采用了这种形式。例如,亦庄生物医药园,专注于生物医药领域的中试产线建设,打造了细胞治疗研发和中试基地、新药研发和产业化基地、昭衍10万升规模的大分子中试基地三大中试基地,为企业提供一站式服务和创新氛围,助企业跨越"达尔文死海",成功吸引了康龙化成、铂生生物等企业和研究机构入驻。

此外,北京还推行校企合作模式,将企业中试产线引入校园,实现了产学研的深度融合。例如,北京电子科技职业学院与集创北方合作共建集

成电路设计与测试中试基地，企业向学校提供产业级测试机、编带机各 3 台，将产线搬进校园，学校老师和企业专家共同给学生上课，让学生接触企业真实的生产任务，提前适应未来岗位。

五、武汉市：政府主导与政校合作驱动中试

武汉市在政府主导、高校参与的战略下，创建专职机构打造中试平台集群，促进了从源头创新到成果转化的全链条发展。

比如，围绕打通"源头创新—技术开发—成果转化—产业集聚"转化链条，武汉市打造了武汉华工激光工程有限责任公司激光加工工艺中试平台、人福医药集团股份公司创新药和高端制剂中试平台等。再如，武汉经开区与华中科技大学联手，共同创建了未来技术创新研究院，致力于打造 6+1 中试平台集群，以期产生高质量的创新成果并培育出更多有潜力的企业。自 2022 年 6 月成立以来，未来技术创新研究院已与 20 多个中试项目团队达成合作，覆盖先进材料制备、智能制造、生物医药等多个前沿领域。其中，金属增材制造粉末设计制备及产业化项目作为首批入驻的项目之一，已成功进入试生产阶段，该项目通过创新的技术手段解决了 3D 打印原材料的关键技术难题。

六、无锡市：以创新中心与基金招商模式推动中试

无锡市通过建立创新中心孵化中试产线企业，并利用产业投资基金吸引企业落地中试线。比如，作为国内首家特殊食品技术创新中心，国家市场监管技术创新中心（特殊食品）是无锡市食品安全检验检测中心联合江南大学联合创建的特殊食品政产学研检一体化创新平台，先期打造近 4 000 平方米的中试车间，规划建设粉体、液体、挤压膨化三条中试生产线，为特殊食品科研机构、企业搭建对接桥梁，已经成功孵化注册无锡朗健生物科技有限公司，解决水解乳清蛋白等关键原料的国产化替代的"卡脖子"问题。此外，无锡还通过产业投资基金，吸引企业落地中试产线。无锡市

市政公用产业集团和无锡云林产业发展投资基金投资深圳盘古钠祥新能源,用于盘古新能源钠电池中试线建设,主要聚焦在圆柱和方形铝壳钠离子电池开发应用,力争将钠电 BOM 成本做到每瓦时 0.3 元,最大循环寿命超 6 000 次,可供 10~15 年使用。

第五节　我国典型的中试平台/基地

一、我国中试能力建设总体情况

2023 年底,工业和信息化部开展了制造业中试平台基本情况调查摸底工作,经对各省、自治区、直辖市及计划单列市、新疆生产建设兵团工业和信息化主管部门,有关行业协会报送的案例统计分析,结果表明我国中试能力建设已取得初步成效。

一方面,摸底调查数据显示,我国已初步形成由民营企业、国有企业、高等院校、科研院所、产业园区等多元主体投资的中试能力建设模式,服务覆盖原材料工业、装备制造业、消费品工业、信息技术等制造业重点产业及其产业技术细分领域。其中,民营企业占主导地位,建设案例数量占比高达 49%,其次是国有企业,案例数量占比约 31%,其他主体案例数量占比共计约 20%。

另一方面,典型中试公共服务平台已崭露头角。目前,我国部分中试公共平台已具备提供跨行业、跨领域的高水平中试服务能力,如成都青白江区"一带一路"中试产业基地,打通了成果转化上下游服务链条,具备了研发创新、小试、中试、产品推广和展览展示等"一站式"中试服务能力。此外,部分综合性中试公共服务机构开始发挥效能,如西部中试综合服务平台,面向全国科技企业、科研团队、高校院所、创投机构、技术经理人等主体,利用智能化、信息化手段,开始提供中试服务"一屏对接"、成果转化"一屏服务"。

二、我国典型的中试基地/平台案例

(一) 华为中试部

1995 年，华为成立中试部，作为华为研发体系的重要一环，中试部的使命除了加快研发成果的产业化外，还有另一个重要的任务就是提升产品质量。华为中试部成立之初，组成部门为试制部与测试部，通过在批量生产前对产品进行试制及测试，华为的产品质量得到了显著改善。在这一阶段，华为公司积累了初步的中试方法和流程。

到了 1996 年，华为开始在中试部门增设下属部门，在新产品工艺设计、装配设置、物料品质、物料清单 BOM 和技术文件等方面提供支持。其中，工艺试验中心为新产品进行工艺设计，提高批量生产效率，降低生产过程的成本；装备研发中心主要提供研究、试制生产过程中所需的测试装备、夹具等，以及生产线的研制、引进及集成；物料品质测试中心为批量生产的物料质量提供技术支撑，物料品质中心的成立，改变了华为研发用料的随意性，未经物料品质测试中心测试通过的物料，不可以在设计中选用，这使得研发设计的成熟度大为提升；BOM 中心和技术文件中心：中试部成立 BOM 中心和技术文件中心，由专门的部门和人员进行发布前的审核，减少了出现错误的可能性。此外，BOM 中心也制定了对研发人员随意更改 BOM、对待 BOM 态度不认真等行为的奖惩制度，提升了对 BOM 和技术文件的管理水平。至此，华为产品中试的能力大大增强，其中部分重点产品的品质达到了较高水平。然而这阶段的产品质量控制仍然属于"事后控制"模式，公司从内部意识到亟须从"源头"解决产品质量问题。

此外，华为中试部还开展了大规模的中试流程建设和业务能力提升工作，同时还进行了多项设计工作、建立多个产品实验室，加大对中试部的人员投入量，经过数年发展、多次创新改革，华为在中试部的"把关"下，研发产品转产周期显著缩短，产品质量更是得到了显著提升。时至今日，华为已取消了中试部，但其中试理念一直贯穿华为公司新技术研发和产品质量把控等多个方面。

（二）西部中试综合服务平台

2004 年 9 月，西部中试综合服务平台正式上线，该综合平主要面向全国科技企业、科研团队、高校院所、创投机构、技术经理人等提供中试平台展示、服务产品提供、中试人才供给、中试政策咨询、中试项目对接、中试需求查询等服务，着眼"立足成都、辐射西部、服务全国"，集聚"四链融合"要素资源，以智能化、信息化手段提供中试服务"一屏对接"、成果转化"一屏服务"。

目前，西部中试综合服务平台已实现了中试平台的全覆盖。其中，覆盖省、市、区三级中试平台 113 家，中试人才 2 000 余人，中试服务设备近 3 000 台。下一步，平台还将对接德阳、眉山、资阳、重庆等城市的中试资源，实现互联互通，共同推动创新成果高效转化。

（三）上海微技术工业研究院"超越摩尔"研发中试线

上海微技术工业研究院（简称工研院）成立于 2013 年，由上海市科委、嘉定区人民政府和中国科学院上海微系统与信息技术研究所（简称微系统所）发起成立。目前，上海微技术工业研究院建成了全国首条 8 英寸"超越摩尔"（more than moore）研发中试线，围绕 MEMS、硅光、生物芯片等"超越摩尔"核心工艺技术，为设计、装备和材料等半导体公司提供研发、中试服务。

工研院在中试平台方面的成功源于政府支持、模式创新和资本运作。首先，政府层面提供了坚实的后盾，通过市财政、区财政及建设单位长达五年的稳定运行经费支持，确保了工研院能够自主灵活地分配资源于科研创新活动之中，为后续的技术突破奠定了坚实的基础。其次，工研院与微系统所、新微集团紧密合作，构建了"三位一体"的协同创新模式。微系统所作为技术研发的引擎，源源不断地输出创新成果；工研院则扮演了产品与技术转化的桥梁，加速科技成果向市场应用的转化；而新微集团则凭借其科技创投融资与产业化平台的能力，不断牵引、带动整个体系的运转。最后，在资本运作层面，工研院与微系统所携手产业资本，共同设立同华新微基金与"超越摩尔"产业基金，形成两大金融引擎。其中，"超越摩尔"产业基金由工研院、国家集成电路产业投资基金以及其他战略投资人共同发起成立，规模达 50 亿元，已投资中芯国际、中微公司、北方华创、长川科技等 100 多家企业；同华新微基金由工研院和同华投资集团共同发起成立，规模达 20 亿元。

（四）武汉中科先进技术研究院新材料中试基地

武汉中科先进技术研究院（以下简称武汉先进院）中试基地主要从事新材料等领域研发及中试，已成为武汉市重要的科技创新与成果转化服务平台。在基地建设方面，武汉先进院着眼于服务武汉市主导产业新材料、新能源产业发展，在武汉经开区军山新城建成 10 261 平方米中试基地，包括材料实验室、中试车间、磷酸铁锂等 9 条中试线、1 个新能源材料检测与性能评价中心和新能源电池材料软包试验线，具备完善的实验室研究和中试放大开发的软硬件条件。基地建设得到经开区政府大力扶持，区财政共补贴 2.5 亿元，分 5 年发放到位，用于武汉先进院建设。武汉先进院独立自主建设运营，区人民政府不占股权、不参与具体建设经营。在运营管理方面，武汉先进院以科技成果产业化为目标，依托自身资源优势，积极对接企业需求，开展市场化运营。一是承接研发及中试服务。为有研发及中试需求的企业或创业团队提供技术成果、联合研发、中试服务，帮助其实现创新产品量产，通过收取服务费用或技术服务参股等方式获得经营收入。目前，武汉先进院已为东风汽车、兴发集团、华为、深能环保、新疆能源等多家企业提供 60 多项研发及中试服务，合同额累计超 2.5 亿元，实现产业化项目 24 个，为合作企业新增产值 50 亿元。二是提供企业孵化培育服务。在为企业提供中试服务的同时，筛选成长性好的初创企业，通过对接种子基金、天使投资等社会资本，为企业提供资金扶持，形成"楼上研发、楼下孵化"的高效孵化模式，推动成果快速转化、企业快速孵化。武汉先进院成立以来，累计孵化企业200家，总产值2.5亿元，其中科技型企业占82.5%。

（五）粤港澳大湾区生物制药中试基地

粤港澳大湾区生物安全创新港（以下简称BioGBA）项目是2021年广州市重点建设项目，2023年7月竣工投产，是围绕广州市生物医药产业发展需求打造的全国首个以中试为主的定制化生物安全产业园区、广州市黄埔区首个生物制药中试基地。该基地的建设运营主体是广州开发区管委会设立的国有独资有限责任公司，整体定位为生物安全产业的中试基地，为生物安全产业提供专业化研发厂房和关键配套服务。在基地建设方面，BioGBA精准聚焦生物医药企业中试需求，高标准推进厂房设计、空间布局、设施配备等工作，打造专业化中试空间。比如，充分考虑生物安全产业对标准化厂房的需求，同类型生物医药园区厂房层高一般为4.5~6米，BioGBA的厂房最高层高则为7米；每平方米最大楼面荷载量达1.2吨，是普通厂房的2.5倍左右。充分考虑生物医药企业对生产连续性、稳定性的需求，项目配备了高可靠性双回路供电，遇到故障自动切换，保障供电电源。充分考虑生物医药企业基础设施投入成本，配备了最大日处理量500吨的集中污水处理系统以及8600RT集中供冷设备，规划了每小时流量25吨的集中蒸汽供应系统，有效降低企业投入、提高生产便利性。

在运营管理方面，广开控股下属企业广州凯德资本运营有限公司（以下简称凯德资本）具体负责BioGBA的运营管理，首先为基地招引有中试需求的企业，由入驻企业负责中试设备采购、中试生产线建设，并根据企业自身需求确定中试项目、开展中试活动，中试成功的项目由企业自行对接市场主体、实现产业化。同时，凯德资本还为入驻企业提供相关配套服务：一是针对中小企业的资金需求，依托集团与高瓴资本、礼来亚洲、广发信德、元禾原点等头部投资机构合作的优势，为企业提供天使投资、种子基金、引导基金、产业母基金、科技担保、信贷融资及股权交易等资金支持；二是聚焦高潜力企业或相关中试产品，在关键阶段开展战略投资，特别是在生物医药企业某项产品研发到临床二期或三期阶段（成药性基本稳定阶段），通过基金的方式投资入股，待产品产业化后实现投资收益；三是为中试基地入驻企业提供物业服务，通过收取租金等方式实现一定收入。

（六）武汉经开区未来技术创新研究院示范型中试基地

武汉经开区未来技术创新研究院（以下简称未来院）是这种模式的典型代表。该院成立于2022年6月，是武汉经济技术开发区举办，委托华中科技大学运营管理的事业单位。未来院紧紧围绕武汉经开区"3335"现代产业体系重点布局方向，结合华中科技大学机械工程、医学等"双一流"学科优势，明确了以"大制造"和"大健康"为核心主线，聚焦汽车、新材料、新能源、生物医药等核心产业领域，着力打造集平台建设、产业孵化、成果转化、技术服务等功能于一体的示范型中试基地和技术转移机构。

在基地建设方面，由武汉经开区向未来院提供1万平方米的科研办公场地、3万平方米的中试基地及孵化园区、100套配套人才公寓和充足的经费支持。由华中科技大学向未来院提供专业的运营管理团队和具有市场潜力的创新性科研成果。双方的深度合作有效促进了资源的合理配置和高效利用，为未来院长期稳定运营和可持续发展打下坚实基础。

在运营管理方面，武汉经开区政府和华中科技大学共同组成未来院管委会，实行管委会领导下的院长负责制，院内下设行政综合部、项目管理部、中试基地运营部等5个部门。在实际运营中，主要按照"中试+孵化+投资"的模式进行成果转化。未来院建立了中试项目遴选制度，筛选出一批具有市场潜力和技术优势的科技成果入驻中试基地，对入驻项目的评审、合同签订、设备购置、安装调试、试生产等环节实行全过程管理，确保中试项目的顺利进行；对中试成功的项目提供创业辅导、融资、市场推广等一站式孵化服务，加速项目产业化进程；对潜力较大的中试熟化项目，未来院不仅引入投资机构为项目提供资本支持，还会通过投资的方式直接参与项目建设，推动项目在园区就地转化，实现"成果熟化在基地、产业落地在园区"。目前，未来院首批导入 30 余个项目，其中 10 余个项目陆续通过概念验证，进入中试基地开展中试熟化培育工作，10 余家公司在研究院的"孵化"下破壳而出，为产业发展增添新活力。

（七）佛山市半导体微纳加工和半导体材料外延中试平台

佛山市半导体微纳加工和半导体材料外延中试平台中试平台由佛山市和南海区两级政府投资建设，由广东中科半导体微纳制造技术研究院（以下简称广东中科微纳）运营，2024 年 7 月建成通线。在基地建设方面，根据广东中科微纳的规划设计，佛山市和南海区两级财政共投入超 6 亿元用于基础设施建设。对标半导体标准代工线，建设 2.3 万平方米专业化百级、千级半导体洁净实验室，配备特种气体、化学品储存、纯水系统、废水、废气处理系统等半导体芯片制造必需的硬件支撑条件，并通过环保、安全资质审核，通过 ISO 质量认证，有力保障企业中试制造及后期放量扩产硬件要求。预留一部分超净场地给企业入驻，让企业在组建生产线的过程中，只需购置少量专属设备以满足芯片个性化生产需求，其余通用性的配套设施和服务均由平台提供，真正实现"轻资产"运营。在运营管理方面，坚持以中试为纽带，推动创新链、产业链、资金链、人才链"四链"深度融合，着力打造"创新研发+公共服务+科技企业+专业基金+品牌活动"的半导体产业生态。重点做了四项工作：一是建强人才队伍，二是创新服务模式，三是强化金融支持，四是完善产业配套。目前，两个中试平台已累计为超百家国内院校、企业提供专业化中试服务，合同金额达 3 000 余万元；引进市、区各级科技创新人才团队产业化项目 12 项，项目获批竞争性财政经费支持超 1 亿元；与华南师范大学、佛山大学、广东轻工职业技术大学等高校联合开展实习培训工作，已培训应届毕业生 42 名；孵化引进半导体产业上下游科技型企业 40 余家，企业估值超 30 亿元。

三、我国中试基地建设运营模式分析

根据上节我国典型中试基地的建设情况分析，可以看出，按照主体划分，我国中试基地建设运营大体可以分为 5 种模式。

一是企业建设运营模式。该模式是部分行业龙头企业立足自身产品研发设计和验证试验的需求，自主搭建产品中试平台，在满足自身中试需求的基础上，与行业内其他科研院所或企业对接，用富余的中试能力提供对外有偿服务，推动更多实验室创新成果向市场转化。

二是科研院所自建自营模式。该模式由科研院所下设的新型研发机构建设中试基地，并独立自主开展运营。

三是政府平台公司建设运营模式。该模式由政府平台公司投资建设运营中试基地，具体负责基础设施建设、招引有中试需求的企业入驻并为企业提供配套服务。入驻企业根据自身需求购置中试设备，建设中试线，开展中试活动。

四是政府建设、高校运营模式。该模式由政府负责投资建设中试基地，包括基础设施建设、关键硬件设备采购等，为中试基地提供坚实的物质基础；高校负责中试基地整体的运营管理，为中试基地提供强有力的科技支撑和智力支持。

五是政府投资建设、科研院所运营模式。该模式是政府聚焦国家区域重大战略和产业发展需要，通过财政出资建设公共服务中试平台，交由具备科技研发和工艺操作能力、善于对接市场资源的科研院所负责运营，面向社会提供市场化中试服务。

第六节　中试创新发展与效能评价面临的困难与对策

一、中试创新发展面临的瓶颈分析

根据工业和信息化部开展的制造业中试平台基本情况调查摸底数据分析，当前我国中试创新发展面临四大困难与问题。

（一）制度保障体系有待完善

自《制造业中试创新发展实施意见》《制造业中试平台建设指引（2024版）》等文件发布后，我国地方人民政府积极出台相关的实施方案、管理办法等指导性方针和运行规范，鼓励高等院校、科研院所、制造业企业等主体布局中试能力，但摸底调查数据显示，各地在用地指标、准入门槛、安全与环境评估等方面的配套政策尚不完善，导致中试平台建设普遍面临着审批难、周期长、过程复杂等流程问题的困扰。此外，在人才储备、市场供需对接、合作运营机制、利益分配等关键支撑要素方面也缺乏有效的政策引导，部分中试平台难以实现长期稳定运营。

（二）技术与资源短板还需破除

面临不同程度的技术瓶颈和资源制约。摸底调查数据显示，约70%的中试平台建设存在不同程度困难，其中约30%属于技术瓶颈和资源制约，如原材料工业领域，短板材料较多、前沿材料较少且配套材料相对匮乏；装备制造业领域，极端情况的模拟验证环境搭建难度较大；消费品工业领域，国产生物技术装备、高端仪器与试剂等资源稀缺；信息技术领域，缺少国产工业软件及高精芯片。技术瓶颈和资源制约已成为限制我国制造业中试创新发展的突出短板。

（三）服务供给能力仍显不足

一方面，我国中试能力布局存在结构性失衡，摸底调查数据显示，京津冀、粤港澳地区报送中试平台数量、服务范畴等均低于甘肃、辽宁等省份，这与我国制造业企业分布及其对区域GDP贡献率明显不匹配；另一方面，我国中试平台数字化、网络化、智能化、高端化、绿色化水平普遍不高，报送案例距离国际先进水平均存在较大差距，整体服务范围有限，服务质量欠佳。此外，我国高水平和综合性中试平台数量较少，摸底调查数据显示，超过1/3的平台仅以满足自身研发和生产需求为主，且平台间共享协同能力偏弱，在显著缩短研发周期、丰富试验项目、降低试验成本等方面发挥的赋能成效尚未充分显现，"造血功能"还有待完善。

（四）评价工作亟须强化指导

为准确判断中试平台是否有效、能力水平如何，避免出现"无效中试"和"纸面中试"现象，我国地方人民政府开始探索开展本辖区中试效能评价工作，旨在通过自我诊断找准差距与问题，以效能评价为牵引促进制造业中试创新发展，但在推进过程中因缺乏上位政策文件依据和指导，评价工作在持续性、稳定性等多方面还显著不足，如部分省份在进行 1~2 次中试效能评价工作之后就终止了该项工作。此外，评价工作还面临评价指标体系生搬硬套现象、数字化技术评价手段不足、各科技主管部门与制造业行业管理部门等权责不清等一系列困难与问题，需要行业管理部门给予指导并协助解决。

为了解决上述问题，未来需要从以下四个方面入手进行解决。

第一，加大政策支持力度。一是推动建立国家部委与地方制造业行业管理部门、科技管理部门、财政管理部门等之间的协作机制，加快形成"横向协同、纵向贯通"的中试创新发展管理体系；二是积极与地方政府沟通协调，出台配套制度细则或实施方案，解决中试平台建设用地、产业准入、安全与环境评估等流程层面的困扰；三是依托政府资源与信用，加大对中试关键要素支持与协调力度，央地协同解决中试创新发展过程中的重大难题。

第二，提档中试服务水平。一是聚焦制造业重点行业领域，实施"一类一策"中试平台建设方案研究，逐步解决中试创新发展面临的技术瓶颈和资源制约；二是优化中试能力空间布局，加大对产业聚集、资源条件优越、重要战略等区域的支持力度；三是支持对现有中试平台进行数字化、网络化、智能化、高端化、绿色化改造，实现中试各环节的能力升级和全流程循环畅通，强化中试服务供给能力；四是鼓励并引导跨行业、跨领域中试平台间信息共享、能力互补，加快形成平台间的协同效应和集群效应，扩大中试能力服务范围，提升服务质量。

第三，实施中试效能评价。一是适时出台中试效能评价实施指南等专项政策文件，支持相关标准化组织加快中试效能评价总体规范等顶层框架标准研制，为地方规范中试效能评价工作提供指引；二是支持相关机构建设制造业中试效能评价公共服务平台，为制造业行业管理部门、科技主管部门、财政主管部门等提供技术支撑和手段保障政策。三是探索在部分地区或针对不同类型中试平台，开展中试效能评价指标体系研制和试点评价工作，为出台专项政策、编制中试效能评价总体规范和评价指标体系等提供实证验证。

第四，强化宣传推广力度。一方面，加大政策宣传力度，做好政策解读工作，加快建立中试平台建设长效激励机制，为制造业中试创新发展营造良好的环境；另一方面，注重正向引导，遴选认定辐射范围大、转化能力强、发展机制好、具有国际先进水平的国家制造业中试平台，积极推介和展示先进经验和做法，形成比学赶超的浓厚氛围。

二、中试效能评价面临的问题分析

2024年1月，工业和信息化部、国家发展改革委联合印发《制造业中试创新发展实施意见》（以下简称《实施意见》）。为抓好贯彻落实，《实施意见》部署了"开展效能评价"工作任务，提出要建立科学的评价指标体系，加强中试平台效能评估，强化评价结果应用，并将评价结果作为政策支持、资源配置的重要依据。2024年9月，工业和信息化部办公厅印发《关于加快布局建设制造业中试平台的通知》，再次强调要健全中试平台评价体系，遴选重点中试平台并组织开展运行绩效评估或现场核查，以评促建。经过近一年的发展，我国中试平台建设已取得初步成效，地方人民政府开始探索对本辖区中试平台效能进行评价，旨在通过自我诊断找准差距与问题，以效能评价为牵引促进制造业中试创新发展。但经调研，地方人民政府在推进中试平台效能评价过程中还面临着困难与问题。

（一）上位指导性政策文件还需完善

《制造业中试创新发展实施意见》《关于加快布局建设制造业中试平台的通知》等文件，为我国中试平台建设提供了指导性方针和运行规范，也对效能评价工作提出了原则性要求，但尚未形成常态化评价机制，也未出台专项评价政策。因缺乏上位专项政策文件依据和指导，地方人民政府开展评价工作存在一定程度的困难。一方面，由于缺乏上位指导性文件，地方人民政府开展中试平台效能评价工作具有很大的随机性，在持续性、稳定性等方面还显著不足。例如，某省于 2020 年、2021 连续两年组织了中试平台效能评价工作，但评价时间范围存在差异，分别为 2 年和 1 年，之后评价工作没有继续开展。另一方面，目前已出台的中试平台效能考核评价政策文件的地区，多由科技主管部门独自或联合财政主管部门制定，制造业行业主管部门，如工信厅、经信委等地方委办厅局参与度较低，存在政策文件规定与制造业产业发展、制造业企业中试需求脱节的情况。经调研，地方行业主管部门对上位政策文件明确其在中试平台效能评价中的权责分工需求迫切。

（二）评价指标体系科学性有待强化

一方面，国家层面尚未出台中试平台效能评价顶层原则框架，而地方人民政府对中试平台效能评价也大多处于起步探索阶段，在评价指标设置上相互借鉴，虽各具特色，但存在一定程度的生搬硬套现象，导致"共性"指标套用现象严重，"特性"指标考虑不充分。如某省科技成果转化中试基地绩效评价指标体系分为中试基地服务能力、中试服务成效两项，这两项所属二级指标与其他省份"共性"指标几乎完全相同，且这两项分值累加为满分，对"特性"指标缺乏统筹考虑。此外，已经开展中试平台效能评价的地区，在评价指标处多会注明将根据国家有关政策及实施情况进行调整，这也侧面说明我国中试平台效能评价体系尚不完善。另一方面，地方在中试平台效能评价指标设置权重上大多采用赋分法，即将不同的指标赋予不同权重，但并未给出权重设置的科学依据。经对武汉市中试平台效能考核指标进行测算，结果显示，任何一个指标赋予不同的权重，最终指标值测算结果差别较大，导致综合评价结果具有差异性，甚至出现截然相反的结论，评价结果不具有权威性和公信力。

（三）评价结果应用成效仍显不足

现阶段，我国地方人民政府关于中试平台效能评价尚未建立规范、科学的结果应用机制，评价结果所公开的对象、内容、途径等，大多基于被评对象的主观意愿有选择性地上报或公开，且多被作为进一步争取财政支持的依据。总体来看，我国目前已开展中试平台效能评价的省级和地市级科技主管部门、财政主管部门等，大多将中试平台效能评价结果止步于评估结论的形成，未能建立有效的评价结果反馈与管理改进机制，也未能实现评价工作的管理目标，对制造业中试平台建设的推进、改进、促进作用仍显不足，需国家层面规范中试平台效能评价结果的适用范围和应用范围。

（四）数字化支撑能力亟待提档

从国家层面看，相较于制造业其他领域，如质量管理能力评价等，我国尚未建设全国性的制造业中试平台效能评价数字化手段，中试基地、概念中心、验证中心等中试能力运营主体开展自我诊断、自我评价等缺乏必要的渠道和工具，各地区制造业行业管理部门、科技管理部门、财政管理部门等开展本辖区中试平台效能评价工作也缺乏国家层面的技术手段支持。从地方层面看，一方面，部分地区开始尝试依托存量相关的信息化平台开展中试效能评价工作，但存量平台功能与中试效能评价还存在很多不适配性；另一方面，部分地区依然采用传统的书面报送、邮件报送等模式，工作效率较低，政府管理部门无法及时、有效掌握中试平台的建设管理与运营服务情况，指导制造业中试创新发展的时效性有待提升。

为了解决上述问题，未来同样也需要从四个方面入手进行解决。

第一，创新顶层制度保障体系。一是推动建立国家部委与地方制造业行业管理部门、科技管理部门、财政管理部门等之间的协作机制，加快形成"横向协同、纵向贯通"的中试平台效能评价组织管理体系。二是适时出台中试平台效能评价实施指南等专项政策文件，与实施意见、中试平台建设指引等政策形成叠加联动效应，同时为地方人民政府开展中试平台效能评价工作等提供上位法支撑和指导。

第二，规范中试效能评价指标设计。一是支持智库机构联合制造业产业中试需求主体等，有效整合各利益相关方的观点，共同开展制造业中试平台效能评价前瞻性研究工作，探索建立符合效能评价理念、中试特点与中试发展规律的基础理论体系和方法论体系；二是支持相关标准化组织加快推动中试平台效能评价总体规范等顶层框架标准研制，明确效能评价的定位、目标、评价周期以及评价指标设计原则等，为规范中试平台效能评价工作提供指引；三是针对不同类型中试能力，支持构建共性与特性相结合、类型与定位相结合的分类评价指标体系，对中试能力、服务水平、规范管理、综合效益等方面进行全方位监测分析和评价，提高评价结果的适配性和权威性；四是探索在部分地区或针对不同类型中试能力，开展效能评价指标体系研制和试点评价工作，为出台专项政策、编制中试效能评价总体规范和评价指标体系等提供实证验证。

第三，强化绩效评价结果的应用。一是规范中试平台效能评价过程和结果公开的流程，建立评价结果的公开、上报机制，明确公开、上报的内容与范围，以及评价结果的应用范围；二是以效能评价结果为抓手，动态调整政府支持的范围、对象、内容、资源配置等要素，切实发挥效能评价的管理职能；三是建立效能评价结果反馈机制，并通过后续抽查、检查，确保差距与问题整改到位，真正实现"以评促建、以评促改、以评促管、以评促强"的目标。

第四，聚力做好平台支撑能力建设。一是支持相关机构建设制造业中试效能评价公共服务平台，为制造业行业管理部门、科技主管部门、财政主管部门等提供中试创新发展宏观决策的技术支撑和手段保障；二是鼓励各地区对既有平台功能进行升级改造，提供区域性制造业中试平台效能评价服务，赋能区域制造业中试创新发展；三是注重以系统平台建设为抓手，带动国家、行业、团体等各层级中试效能评价体系编制工作，形成平台建设、标准规范研制相互促进的良性循环。

第五章

制造业创新发展的路径：
转型升级

第一节　制造业产业转型升级具有重要意义

党的十八大以来，在以习近平同志为核心的党中央坚强领导下，我国经济高质量发展，取得历史性成就。产业转型升级步伐加快，工业化和信息化、先进制造业和现代服务业融合发展进程加速。主要工业省份经济结构不断优化，动能转换取得显著成果。我国制造业链条长、覆盖广、影响深远，是实体经济的基础所在，也是国计民生的命脉所系。加快制造业转型升级，对于推动经济持续向好、实现高质量发展，具有重大意义。

一是推动制造业产业转型升级是提升经济实力和国家竞争力的关键所在。制造业是国家实力的象征和国家间竞争的主战场，纵观世界经济大国和强国的崛起，都离不开强大的制造业。熊彼特（1997）提出，一个国家或地区的经济发展，就是产业结构不断调整和优化升级的过程。当前，全球主要国家高度重视制造业升级发展，追逐新兴产业发展方向，竞争日益激烈，我国必须加快推动制造业升级发展。

二是推动制造业产业转型升级是塑造我国发展新动能的必然要求。我国经济发展进入新常态，正处于增长动力接续转换新时期。一方面，传统行业高端不足、低端产能过剩的现象仍然存在；另一方面，不少高技术行业或产品与国外差距大，难以满足发展要求。过去制造业快速发展，离不开低成本优势、技术引进消化吸收再创新、融入国际分工体系。近些年，制造业传统的比较优势、发展路径弱化，新的比较优势必须加快形成，形成经济增长新动能。

三是推动制造业转型升级是落实国家战略要求的重要举措。中央财经委员会第一次会议提出，要坚持以实体经济为重，防止脱实向虚；坚持稳中求进、循序渐进，不能贪大求洋；坚持三次产业融合发展，避免割裂对立；坚持推动传统产业转型升级，不能当成"低端产业"简单退出。李强总理在全国新型工业化推进大会上的讲话明确指出，要适应时代要求和形势变化，持续推动产业结构优化升级，大力推动数字技术与实体经济深度融合，全面推动工业绿色发展。2024年中央经济工作会议提到，要以科技创新引领现代化产业体系建设；加快推动人工智能发展；打造生物制造、商业航天、低空经济等若干战略性新兴产业，开辟量子、生命科学等未来产业新赛道，广泛应用数智技术、绿色技术，加快传统产业转型升级。总体来看，制造业产业升级被提到前所未有的高度，而我国产业具有"大而全"的特点，这决定了产业升级发展情况复杂，必须深入研究，找到适合我国的升级路径。

第二节　全球制造强国推动产业转型升级路径

一、全球工业经济走向数字经济

随着信息与通信技术的广泛、深度运用，以及新模式、新业态的不断涌现，人类社会生产生活方式正在发生深刻变革，一个数字世界正处在加速构建过程中，通过对物理世界从逐步仿真发展到全镜像，能极大地提升人类开发数字世界和改造物理世界的能力。从工业经济变革为数字经济，其特征是以数据为核心重构生产要素，促进以物质生产、物质服务为主的经济发展模式向以信息生产、信息服务为主的经济发展模式转变。

工业社会向数字化社会转型过渡既是一个系统性全面创新的过程，也是一个不断演进的长期历史进程，在不同的阶段会有不同的使命、目标、任务和模式。当前，应对从工业经济到数字经济的规律转变，国际围绕抢夺制造业制高点的竞争愈演愈烈，各国都在结合自身优势加强战略总体布局和理论方法创新，发达国家围绕新工业革命正在对高端产业进行再调整、再布局，发展中国家则致力于抓住从工业化向信息化变轨发展的重大机遇实现"换道超车"。总体而言，在世界处于大发展、大变革、大调整的时期，要坚持新发展理念，从战略全局层面谋划和布局经济发展，应探索并形成融合、转型、创新发展的理论体系和方法，推进制造业数字化发展。

二、全球制造强国大力推动制造业数字化转型

第四次工业革命已经成为全球制造业发展的全新驱动力，引发新一轮国际产业变革和竞争，美国、德国等制造业强国围绕工业 4.0 概念的提出，相继制定具有本国制造业发展特色的数字化战略，标志着数字化经济已成为引领制造业未来发展方向的重要引擎。中国制造业已经站在了数字产业化、产业数字化向一体化、智能化、数字化、网络化深度融合方向转型升级门槛的关键时期。

全球各主要国家高度重视数字化发展，积极推出各类政策。美国聚焦前沿技术和高端制造业，引领全球数字化转型浪潮。近年来，美国进一步聚焦大数据和人工智能等前沿技术领域，先后发布《联邦大数据研发战略计划》《国家人工智能研究和发展战略计划》《美国机器智能国家战略》，构建了以开放创新为基础、以促进传统产业转型为主旨的政策体系，有效促进了数字化转型的发展进程。为引导实体经济复苏，金融危机后美国进行再工业化，先后发布《智能制造振兴计划》《先进制造业美国领导力战略》，提出依托新一代信息与通信技术等创新技术加快发展技术密集型的先进制造业，保证先进制造作为美国经济实力引擎和国家安全支柱的地位。英国先后实施多项战略，积极调整和升级产业结构，打造世界领先的数字化强国。英国政府于 2017 年发布《英国数字化战略》，提出了多项数字化转型战略。英国发布《产业战略：打造适合未来的英国》，旨在与产业界合作开展科技创新和应用研究，实现人工智能技术的创新应用，将英国建设为全球人工智能与数据驱动的创新中心。2018 年，英国政府出台

《产业战略：人工智能领域行动》，再次强调支持人工智能创新以提升生产力，使英国成为全球创立数字化企业的最佳之地。德国以"工业4.0"为核心，逐步完善数字化转型计划，并为中小企业提供良好发展环境。2016年3月，德国联邦政府正式推出了《数字化战略2025》，强调利用"工业4.0"促进传统产业的数字化转型，提出了跨部门跨行业的"智能化联网战略"，建立开放型创新平台，促进政府与企业的协同创新。德国还实施了"中小型企业数字化改造计划"，通过对中小企业投资补助、建设数字化试点，为中小企业更好地了解和运用新一代信息技术提供多项服务。2018年，德国联邦政府发布了《德国高科技战略2025》，提出到2025年将研发投资成本扩大到GDP的3.5%，并将数字化转型作为科技创新发展战略的核心。

三、数字化转型已成为全球制造业转型升级的方向

随着各国制造业的竞争加剧，加快制造业数字化发展，已经是全球制造业发展的战略选择。中国制造业"大而不强"的问题依然存在，提高质量效益、转变生产方式是中国制造业亟须解决的问题。在"十四五"规划、中国制造强国、网络强国背景之下，数字化转型成为制造型企业向智能制造转型升级、寻求机遇的新抓手。制造业数字化转型是制造强国和网络强国建设的关键路径，更是我国抢抓新一轮科技革命和产业变革机遇的必然选择。

从产业创新发展对数字化转型的需求看，目前我国产业创新发展面临诸多问题，迫切需要数字化转型。一方面，我国多数行业仍处于较低发展水平，产业转型升级科技动力不足。我国传统行业企业大部分尚处于工业2.0阶段，与美国、德国等发达国家差距明显，迫切需要数字化转型来改造实现工业3.0，进而才能进入网络化、智能化的工业4.0发展阶段。另一方面，自主创新能力弱，缺乏国际竞争力。当前，我国较多制造业企业仍然处于机械化和电气化状态，随着我国制造业的劳动力成本优势减弱、各项成本不断增高，制造业的竞争优势正逐步下降，迫切需要企业不断创

新、提高生产运营效率，重塑竞争力。数字化转型是制造业企业降本增效的内在需求，是推动产业创新发展的重要途径。

总的来看，新一轮科技革命和产业变革催生新技术、新产业、新业态、新模式，单边主义、保护主义抬头，世界各国的比较优势发生变化，诸多因素推动全球制造业的产业格局显著调整。外部环境复杂多变，为我国制造业更好发展带来诸多挑战。同时，也要看到，我国制造业在产业基础、创新能力、人力资源、市场规模等方面的优势明显，这为我国制造业向高质量发展迈进、向全球价值链高端攀升、增强在全球产业中的话语权，奠定了坚实基础。全球制造业格局演变以及科技革命和产业变革的深刻影响，为我国制造业在战略性新兴产业、未来产业领域实现并跑乃至领跑，提供了重要机遇。我国制造业发展面临诸多挑战，但超大规模市场、不断增强的创新能力、完善的产业体系以及数字经济蓬勃发展的良好态势等，为我国制造业更好应对新的挑战并在世界制造业格局大调整中占据有利位置，提供了坚实基础。面对复杂的内外部形势，需进一步调整我国制造业在全球产业体系中的发展方向，既要有战略定力，又要能适时应对，推动制造业高质量发展。

四、全球制造业领军企业数字化发展路径探索

制造业是国民经济的基础，它融合了劳动密集、知识密集、资本密集、技术密集等特点于一身，是企业数字化发展的重要领域。制造业整体是一个多主体、多类型的概念，制造业企业可包括纯制造业企业、制造业自动化企业、制造业数字化企业三类。制造业企业数字化转型一直在持续进行，从最开始的"电子化、自动化"到后来的"流程化、信息化"，再到当下的"智能化、数字化"，每个阶段赋予了广大制造业企业不同的能力，促使企业的自我提升，也在潜移默化中促进着整个行业的发展。依托数字化技术与理念，制造业企业不断创造新的商业模式与管理模式，以提升企业管理创新能力、支撑能力为抓手，奠定企业在新形势下的发展基础。

国内外以 GE、海尔、PTC、西门子等为代表的全球制造业领军企业的数字化发展路径进行探索研究，主要分为三类发展路径：一是以 GE、海尔为代表，从制造业向数字化方向拓展，基于网络技术打造通用平台，从熟悉到跨界，实现横向拓展。二是以 PTC 为代表，从工业软件向高价值数据驱动的制造业数字化生态推进。三是以西门子为代表，从自动化到工业软件，从硬到软，从电气化到自动化再到数字化。

第三节　国际制造业产业转型升级的启示

一、全球制造强国总体向高加工度、高技术化升级发展

一是发达国家工业化起步和中前期，重工业发展为经济增长作出决定性贡献；工业化后期，重工业占比有所下降，但仍占据主导地位，基本维持在 60%左右。

二是随着工业化发展，劳动力、资源等初级要素对发展推动作用减弱，知识、技术密集度高的产业快速发展，向深度加工产业、中高技术产业升级。

二、全球制造强国选择差异化的产业升级节奏和具体方向

美国作为先发大国，持续引领布局尖端、高新技术制造业，将中低端制造业对外转出。19 世纪，纺织业、钢铁业快速发展，1895 年工业总值超过英国。20 世纪以后，汽车、机械设备等产业兴起，传统工业钢铁、汽车、房地产等蓬勃发展。70 年代，逐步向航空航天、电子、能源产业等中高端制造业和高技术产业倾斜，信息技术进入井喷式的发展阶段。进入 21 世纪，转向金融保险、医疗和商业服务等服务业。德国高度重视高端制

造、精益制造，渐进式演进升级。19 世纪，以纺织业为主的轻工业转向钢铁、煤炭、冶金、机械设备制造等，从仿制英国机器到德国制造。20 世纪20 年代，电力、煤炭、钢铁、机器制造、汽车、纺织等工业部门达到历史最好水平。到 20 世纪中期，大力投资进行设备更新，传统制造业如机械设备、电机、钢铁、汽车，高新技术产业如化工、电子和信息等产业发展迅速，传统工业提质增效，新兴产业进一步发展。20 世纪 80 年代，机电产品、运输设备、化工产品是其主要优势行业，三者合计出口占比近 60%。

日本作为后发国家，在美国的大力支持下，通过引进消化吸收再创新实现跨越式发展。20 世纪四五十年代，转移美国纺织工业，重化工业实现快速发展。60 年代后，家电行业迅速兴起，一度成为超越美国的全球第一大汽车生产国、半导体大国。后遭到美国打压，半导体产业受到重创，并逐步将传统制造业对外转出，但中高端制造业仍然具有韧性。韩国后发追赶，找准方向持续推进制造业优化升级。

20 世纪 50 年代，韩国实施进口替代型"轻工业化"战略，大力发展以"三白产业"为中心的消费资料和化肥、水泥等基础产业。60 年代重点发展纺织、服装、制鞋、家具等劳动密集型产业。七八十年代，进入重化工业阶段，设备投资总额的 94.5%集中到重化工业部门。按照产业比较优势动态变化，八九十年代，建立了传统优势产业、主导产业、新兴技术产业三个协调发展的产业群。

三、全球制造强国产业升级的规律特点

（一）科技革命是引领升级的最大变量

先发国家率先享受科技革命红利，创新突破实现产业"新老交替"。世界体系的中心国永远都是技术革命的领先者，能够更快适应产业发展新范式，并进行有效制度供给的国家就能够引领科技革命和产业变革，实现升级发展。例如，英国是第一轮、第二轮技术革命的引领者，美国是第二

波的追随者，第三、四、五波的领导者；日本是第二波末期开始跟随补课，第三波落后，第四波跟随；我国在第四次工业革命中完成前四波补课、跟随。

后发国家在科技革命后半程，依靠技术引进+自主创新升级发展。技术是从核心（先发）国家扩散到边缘（后发）国家，边缘国家依靠引进缩小与核心国家的差距。技术是否能扩散到后发国家，取决于其人力资本、研发投资（试验发展和应用研究）、制度变革、基础设施等多重因素。

（二）全球分工时代，主要国家结合比较优势布局价值链环节

发达国家整体占据全球价值链高端地位。各国政府重视制造业发展。美国主动剥离低端环节，选择性占据价值链高端，且对整个产业链具有掌控力，通过技术创新、品牌服务等获取高额利润。在半导体、航空航天、医疗设备等高技术领域占据主导地位。日本在产业链上部分环节地位突出，如上游多种关键材料领先，光刻胶等半导体材料全球市场份额领先，甚至垄断市场；凭借优质的产品质量赢得竞争，如汽车企业重视生产供应链、品牌延伸管理。德国通过细分领域的"隐形冠军"企业，生产核心部件，获取高额附加值；高端制造引领全球，主要集中在石化、机械设备等领域。

后发国家多瞄准创新频率高、可预测、模仿容易的技术产业。根据技术经济学一般认识，将技术分为技术研发周期、显性化程度、可预测性三个维度。一般来说，技术变革越快、研发难度和不确定性越高，越难追赶。以韩国为例，在追赶过程中，更多选择了DRAM、PC等产品，创新频率高，可获取性强。

（三）全球制造强国注重对传统产业的改造

从制造业细分行业增加值维度看，发达国家在产业升级过程中，大力发展新兴产业，但同时保留产业基础较好、市场份额较大、具有特色的传

统产业，始终保持全球市场份额，并在传统产业基础上进行技术改造和智能升级，使其成为高端制造业。例如，法国葡萄酒等特色食品饮料产业始终占据全球第一出口份额；化学制品的细分行业香水化妆品的份额及出口金额均居世界第一，品牌效益遍布全球。德国确立了对于纺织业进行升级改造的国家级战略，名为"未米纺织"项目（futureTEX），明确提出了纺织业提升的定位"要让纺织业持续成为德国最有创新活力的行业之一"。其战略判断是，纺织已经不再是一个传统的行业，而是基于新材料、节能环保、智能产品等创造出的全新的行业、产品和服务。20 世纪 80 年代后，韩国加大产业结构的调整力度，以"稳定、效率、均衡"为总方针，重点是技术开发与自由竞争。调整产业结构的方向是按照产业比较优势的动态变化，建立三个互相协调发展的产业群。

（四）主要制造强国实施"品质革命"

从跟踪模仿，到自主创新占据价值链高端，主要工业强国在工业化后期都经历了"质量低谷"，通过实施"品质革命"，实现了产业升级发展。"日本制造"和"德国制造"具有典型代表，德国建立了"法律—行业标准—质量认证"管理体系；日本重点推广全面质量管理。从德国制造的成功经验来看：一是实行"立法支持+行业保护"。建立了包含竞争、中小企业、知识产权保护等全方位的法律体系，并制定了严格高效的执行机制，为企业发展保驾护航。开展行业保护，拒绝同行业恶性竞争。二是打造"行业标准+质量体系"。制定严格的工业标准。德国标准化学会（DIN）每年发布上千个行业标准，迄今已有几十万标准项目，涉及从工业生产到民用产品的各个领域，其中约 80% 被欧洲及世界各国采用。建立公正客观的质量认证和监督体系。确保了"德国制造"的质量，避免本土企业之间的竞争，提升"德国制造"的竞争力。三是加强"研发投入+平台打造"。保持高强度的研发投入，研发投入米源以企业自身和政府补贴为主，完善创新服务平台。四是发展"职业教育+工会组织"。大力普及职业教育。开展工厂学徒制，利用各种工会组织保护企业利益。

（五）大国和小国通过内外需协同发力实现产业升级

外贸意味着全球竞争，是效率提升的必备方式。小国可以外需拉动、供需分离，如德国是工业品出口大国，工业部门一半以上的产品销往国外，汽车、机械产品、电气产品、运输设备等具有国际竞争力。韩国以出口为导向的产业升级路径，高科技出口占制成品出口的 3%，远高于世界平均水平。大国需要一定的内需保证量的增长，大型经济体需要保证产业竞争效率，内需促进增长，因此我国提出双循环发展战略，通过内外需协同实现产业升级发展。

四、各国产业升级经验总结

引领型升级：先发大国，如美国。以国内需求为基础，主导 GVC：发展大量技术含量高、附加值高的行业，掌控行业的重要环节和产业链。外需和内需结合：关键靠自主创新，定义技术路径。存在的风险是，历次工业革命后期，技术发展停滞，容易受到后发国家的竞争。

小而精发展型：先发小国，如以色列等。依附在全球价值链，自主创新升级：少数专业化、技术含量高、替代性弱的行业或者环节；外部需求为主：配合核心国家，针对行业前沿自主创新。存的问题是，过度依赖外部市场，对产业链掌控能力弱，容易被后发国家赶超。

依附式追赶型（落入陷阱型）：后发小国，成功代表如日本、韩国，失败代表如拉美国家。依附在全球价值链中学升级：少数比较优势行业或者环节，注重非技术型创新；外部需求为主：技术路径是引进→消化→吸收→再创新。存在风险是，过度依赖外部市场，产业韧性较差，容易受到外部冲击。

突破式追赶型、落入陷阱型：后发大国，如中国、俄罗斯。先依附在 GVC，再主导 GVC：大量比较优势行业，掌控行业的重要环节和产业链；外需起步向内外需协同发力转变：从引进→消化→吸收到再创新，再到定义技术路径。存在的问题是，从价值链低端迈入高端会迎来先发国家的打压，容易升级失败。

第四节　我国制造业产业转型升级面临的突出问题

一、国内供需适配性矛盾还比较突出

一是国内供给大于国内需求，增长对国际市场依赖度高。制造业对国际市场依赖度较高，国内需求尚无法消化国内超大规模供给，出口增长是制造业增长的重要动能。制造业国内供给明显大于国内需求，2002—2018年制造业国内供给年均增速快于国内需求增速。制造业更易受国际市场需求变化影响，国际金融危机后，制造业国内供给和国内需求增速快速回落，扩大内需战略对制造业的影响力尚无法抵消国际市场需求放缓影响。制造业国内供需市场支撑力不足，制造业国内供需占总供需比重低于70%，一旦外部环境变化，制造业增长动能快速减弱。

二是分行业国内供需适配性矛盾突出。制造业多数细分行业供给大于需求。制造业多数细分行业（根据中国信息通信研究院的测算，该占比超过了60%）供给能力充足，中高端领域供需问题更多表现为国内供给不满足国内需求。此外，部分资源型、材料类和高技术行业国内供需占比低，基础化学原料、合成材料、电子元器件等行业国内供需占比低于25%，基本以国际市场为主。

三是部分行业国内供给的消化对国外市场需求依赖上升。2018年，国内制造业供给超过国内需求的行业数量占比较2002年上升了8个百分点，中高端行业数量占比上升了11个百分点。2018年后，随着更多中高端制造业供给能力的大幅提升，制造业对国外市场需求的依赖程度呈上升态势。此外，通信设备、计算机、广播电视设备和雷达及配套设备、输配电

及控制设备、船舶及相关装置等中高端行业国内供给远大于需求，对国际市场需求依赖上升。

四是部分行业国内需求始终未通过国内供给满足。我国部分制造业行业始终未解决国内供给不足问题，包括电子元器件、其他电子设备、合成材料、仪器仪表等 8 个中高端行业，且差距进一步扩大。此外，高技术行业（其他电子设备、医药制品等）和消费升级行业（乳制品、日用化学品等）也普遍不满足国内需求。

二、自主可控能力和品牌建设短板矛盾突出

一是国内供给占比有所回落，进口依赖度呈抬头态势，制造业国内供给对总供给的满足能力总体呈上升态势，但近几年呈现回落态势，进口占中间使用比重回升至 2012 年水平。制造业国内供给占比和进口占中间使用比重呈此消彼长态势。加入 WTO 后，我国生产全面参与全球分工，生产过程中进口大量设备、原料、零部件和先进技术，进口占比上升，国内供给占比呈下降态势；随着国内对进口技术和产品的消化吸收再利用，自主生产能力快速提升，国内供给占比迅速攀升；伴随着国内产业向中高端升级的内生要求，对高附加值产品的进口需求扩大，国内供给占比有所回落。制造业结构分化有所加大。总体和多数行业供给占比呈改善态势，部分行业对进口依赖度呈较快上升态势。

二是资源型、高技术、高附加值制造业自主保障压力加大。其中，资源型下游行业发展高度依赖资源进口，进口规模增长较快，国内供给占比呈下降态势；高技术、高附加值行业（装备类、消费升级型）净进口率较高，这些行业自主保障压力较大。高技术型行业，电子元器件、仪器仪表、医疗仪器设备及器械等供给不足，主要原因是自主创新能力不足，高端环节和产品"卡脖子"。资源型和材料类行业，有色金属及其合金、合成材料、基础化学原料等供给不足，主要原因是受制于国内资源供给不足。消费升级类行业，乳制品、日用化学品、汽车整车等，主要原因是中高端产品供给不足、质量水平差距和品牌影响力偏弱。

三、我国重点行业装备与产品国产替代率降低

我国在装备和电子的国产替代水平有较高提升，但进口依存度仍维持较高水平，消费升级行业和资源型行业国产替代水平有所降低，计算机、仪器仪表、电子元器件、医疗设备等需高度关注。国产替代水平提升的行业主要包括：装备及电子行业，包括视听设备、金属加工机械、仪器仪表、电机、电子元器件、通信设备等（虽然国产替代水平上升，但进口占中间品使用仍维持在较高水平）；原材料行业，包括合成材料、基础化学原料、有色金属压延加工品等。国产替代水平降低的行业主要包括：消费升级行业，包括汽车整车（消费需求和品牌）、日用化学产品（消费需求和品牌）、计算机（数字化转型需求和中高端产品）、家用器具（消费需求和品牌）、医药制品（消费需求）、酒精和酒（消费需求和品牌）、家具（消费需求）、医疗设备（中高端产品）等（括号内为影响因素）；资源型行业，包括屠宰及肉类加工品、有色金属及合金等。

从对外依存度看产业链安全水平，生产依赖于进口品的，产业链安全度低，主要包括金属制品、纺织服装鞋帽皮革羽绒及其制品、其他制造产品和废品废料、纺织品、非金属矿物制品、金属制品、机械和设备修理服。但当前我国部分资源型下游行业和高技术行业（电子制造业和仪器仪表业）产业链安全风险较高，主要包括：高技术行业，通信设备、计算机和其他电子设备，具体包含硅片、SOI、光刻胶、光掩膜、CMP 材料等产业链安全风险低的行业。

四、制造业消费需求还有较大增长空间

一是我国制造业整体消费需求总体维持在 30%~35%，还有较大的增长空间，居民消费需求尚未成为驱动我国制造业增长的核心驱动力，出口和投资需求依然占据核心地位。制造业出口需求呈下降态势。加入 WTO 后，制造业出口需求快速上升，之后随着金融危机爆发和扩大内需战略实

施，出口需求占比呈下降态势。制造业投资需求呈上升态势。制造业投资需求是制造业最终需求的调节器，金融危机期间，消费和出口需求放缓，制造业投资需求占比达到高点。制造业消费需求占比始终偏低。居民消费呈先下降后上升态势，制造业消费需求还有较大的增长空间。

二是反映我国制造业升级方向的居民消费需求不足。例如，我国制造业居民消费需求占比较高行业集中在食品、酒饮料、烟草、皮革鞋、石油加工、医药制造等刚需产业，对制造业的消费需求仍以生活刚需品为主，食品、酒饮料、烟草、方便食品、乳制品、肉类加工行业占比甚至曾经超过了90%。代表消费升级方向的汽车、计算机、视听设备的制造业需求尚未完全释放。

三是高端制造业投资需求不高。我国钢铁、建材等产能过剩领域投资增速居高不下，新能源电池、电子元器件等面向绿色化、数字化、智能化方向的有效投资需求在最终使用中占比不高。产能过剩行业投资增速居高不下。钢铁、建材等原材料行业国内产能严重过剩，且是碳排放大头，不符合碳达峰发展方向，但地方基于产值和增长需求，仍在上马相关项目。此外，我国新兴领域投资需求占最终使用比重偏低。绿色化投资不足，碳达峰潜在投资需求高；数字化投资增速较快，但与出口需求相比占比不高。

第五节　我国制造业产业转型升级面临的机遇

一、我国拥有超大规模市场潜力

我国人口基数大、中等收入群体多，拥有超大规模市场优势和庞大的内需潜力，为科技创新提供丰富的应用场景和广阔的发展空间，有利于推动新技术快速迭代和产业化规模化应用，更好形成和保持产业竞争优势。

我国作为世界第二大经济体，拥有 14 亿多人口、超 4 亿中等收入群体和 1 亿多个市场经济主体，2022 年社会消费品零售总额约 44 万亿元，持续稳居全球第二大消费市场；我国最终消费支出规模稳步上升，占 GDP 比重与美西方国家相比仍有较大的增长空间。与美国、日本等发达国家，以及印度等相同发展水平的发展中国家相比，我国消费率相对较低，增长空间较大。

我国超大规模需求市场支撑产业升级发展。一是推动技术创新和产业化应用。超大规模市场优势为新技术、新产业、新业态、新模式、新产品等新经济发展提供了足够规模的市场实现条件，可快速实现产业化和规模化应用，其试错成本可以被快速摊薄，形成我国技术创新的低成本优势，创造足够的利润回报，激发产学研对研发的投入热情。二是更好形成和保持产业竞争优势。一方面，有利于在新一轮科技革命和产业变革中形成先发优势。通过规模化发展，分摊战略性、前瞻性技术和新型基设施投入成本，更早布局相关技术，更快推进基础设施建设，抢占产业竞争制高；另一方面，有利于更好发挥规模效应，形成竞争优势。我国大规模要素供给、大规模市场容量，有助于更好发挥规模经济、范围经济和网络经济效应，将经济规模效率优势快速转化为成本优势和竞争优势。

二、我国制造业转型升级的基础稳固

制造业是实体经济的基础，是国家经济命脉所系，也是建设现代化产业体系的重要领域。我国作为一个大国，必须要走自主发展的道路，规模大、体系全、竞争力较强的产业体系是促进制造业产业升级的关键所在。

一是产业规模领先，我国工业保持高速增长，生产能力与产业规模全球领先。2023 年，我国全部工业增加值达到 39.9 万亿元，占 GDP 比重 31.7%，制造业增加值占 GDP 比重 26.2%，占全球比重约 30%。我国工业高端化、智能化、绿色化步伐加快。重点工业企业数字化研发设计工具普及率达 80.1%、关键工序数控化率达 62.9%。培育 421 家国家智能制造示范工厂。

二是产业体系完备，我国拥有 41 个工业大类、207 个工业中类、666 个工业小类，是全世界唯一拥有联合国产业分类中全部工业门类的国家。完备的产业体系，加之动员组织和产业转换能力强，为经济平稳运行和应对疫情等突发事件提供有力支撑。

三是我国部分领域竞争优势明显。2023 年，高技术制造业占规模以上工业增加值比重达 15.7%，装备制造业占比达 33.6%。新能源汽车、光伏产量连续多年保持世界第一。大型客机、载人航天、重型燃气轮机等领域自主研发生产能力不断突破，国产首台套重大技术装备接连问世。

三、人才与技术带来无限赶超机遇

从人才方面看，人口红利加速向人才红利转变。我国劳动人口比重由最高峰74%下降至66%，总抚养比同步上升，人口红利逐渐褪去。而我国高等教育人才数量持续增加，支撑电子、机械、电气、汽车、医药等"高技术+人才密集/高研发强度"行业发展。研究表明，制造业职工受教育年限每提高 1 年，劳动生产率上升 17%。

从技术层面看，近几年，以数字化、网络化和智能化为主要特征的第四次工业革命进入加速发展阶段。历次技术革命为后发国家创造了赶超机遇，借助新技术的机会窗口，占据技术制高点，锁定全球分工和贸易体系。第一次工业革命孕育了纺织等劳动力密集型产业；第二次工业革命孕育了电力、石化、钢铁、汽车等资本密集型产业；第三次工业革命孕育了航空航天、电子信息等知识密集型产业；第四次工业革命，以新一代信息技术、新能源技术、新材料技术、新生物技术为科技革命主要突破口，开辟大量新的产业领域。

一是数字技术迭代更新开辟新产业，信息技术代际跃迁、群体突破，人工智能、大数据、区块链、物联网、量子计算等有望发展成熟。

二是数字技术与其他先进技术融合衍生新产业，如智慧能源、智能材料、空天信息、智慧海洋等。

三是数字技术与传统产业融合拓展新产业，如数字技术与汽车产业融合，催生智能网联汽车，智能化成为汽车产业电动化之外的又一次重大变革。当前，我国部分产业实现领先，比过去任何时候都可能抓住新一轮机遇。我国制造业规模大、体系全，为制造业数字化转型提供了广阔的场景，为实现跨越式突破带来无限可能。

第六节　发展对策与建议

一、推动传统制造业朝着"多化"方向发展

（一）在高端化方面

当前，我国传统制造业效益水平相对较低，多数传统行业效益水平有所下滑，部分行业低于制造业总体利润率。此外，制造业产业基础总体不牢。

长期以来，我国科技创新走的是模仿和跟随的道路，对工业基础研究的重视不高、投入不足，整机系统与工业基础发展存在脱节，部分关键领域存在基础能力薄弱、关键零部件依赖进口，在中美贸易环境恶化的背景下，甚至会加剧"卡脖子"风险。因此，我们要推动传统制造业高端化发展，而高端发展的核心是要提升产品附加值，目的是实现产业结构优化升级，推动价值链从中低端向中高端攀升。

一是产业基础再造工程，要突破一批基础元器件、基础零部件、基础软件、基础材料和基础工艺。

二是支持传统制造业企业提升技术创新能力，通过"揭榜挂帅""赛马"等机制，引导社会资源聚力攻关突破，进一步推动传统制造业向战略性新兴产业发展。

三是质量品牌提升工程，一方面要提高传统制造业产品质量稳定性和

可靠性水平，另一方面要在传统制造业领域形成一批具有影响力的"中国制造"卓著品牌。

（二）在智能化方面

我国需要发挥技术改造作用，大力推进智改数转网联，着力提升制造业的先进性。

一是以技术改造为抓手促进数字转型。支持制造业企业实施重点技术改造项目，提高生产工艺、技术、装备数字化水平，增强数字化管理和运营能力。支持企业深化新一代信息技术融合应用，广泛开展企业数字化评估诊断，精准描绘企业数字化转型"数据画像"，推动企业以诊促改、以改促转、以转促优。

二是发挥试点示范的引领标杆作用。打造一批示范标杆项目，引领加快制造业企业智能化改造和数字化转型，形成企业数字化转型"一企一策"，培育一批制造业数字化车间和智能工厂。

（三）在绿色化方面

当前我国传统制造业绿色化，以节能降碳为抓手，推动传统制造业绿色化发展，需统筹发展与绿色低碳转型，加快产业结构优化升级，大力推进企业节能降碳，全面提高资源利用效率，积极推行清洁生产改造，提升绿色低碳技术、绿色产品、服务供给能力，打造一批绿色工厂、绿色园区、绿色供应链，做大绿色环保产业，构建工业绿色低碳转型与工业赋能绿色发展相互促进、深度融合的现代化产业格局。

（四）在融合化方面

我国需加强跨学科、跨领域合作，推动新一代信息技术与传统制造业工艺技术深度融合，以信息技术融合应用推动传统制造企业生产能力、管理能力和服务能力等的全面提升。发挥龙头企业的牵引作用，推动产业链供应链深度互联和协同响应，带动上下游企业数字化水平同步提升，实现大中小企业融发展，加快传统制造业转型升级。

二、大力支持和培育重点领域新兴产业

围绕技术成熟情况、未来市场空间、我国产业基础水平等方面，筛选挖掘未来有潜力的产业布局，做好新兴产业的梯度培育设计。要结合资源禀赋和能力潜力，支持优势地区优先发展，形成战略性新兴产业蓬勃发展的增长极。

一是强化科技创新，率先打造产业链优势。要强化体系化基础研究、探索性基础研究和应用性基础研究，推动战略性新兴产业底层技术的持续突破，破解产业发展的"卡脖子"难题。打造一批公共服务平台。在关键材料、重大装备等领域，布局一批实验验证平台和中试平台，加速科技成果工程化和产业化。科技研发与产业发展之间应建立协同机制，引导以企业为主建立创新联合体，统合科研机构、高校等各类创新主体形成面向市场需求的创新生态体系。

二是发挥超大规模市场优势，加大政策支持力度。我国作为超大经济体在超大规模人口、国土空间、经济体量和统一市场等方面拥有优势。集中力量办大事的体制机制优势有利于技术突破，超大产业规模能够容纳多条技术路线进行竞争，超大市场有利于支撑技术的迭代升级，齐全的产业门类和完善的产业配套有利于大规模生产和成本降低。加大投资、采购、补贴等政策支持力度，龙头企业引领打造产业生态。

三是发挥龙头企业的引领性，吸引更多经营主体进入，繁荣产业生态。具体来说，要发挥龙头企业的带动性，以需求牵引、创新供给和资源配置来带动上下游发展，完善产业体系。发挥龙头企业的网络性，加速大中小企业融逆发展，推动链上企业集聚发展。创新体制机制，激励高校科研院所、行业组织等积极主动参与和服务战略性新兴产业发展，打造多方主体共同参与、有效协作的产业生态。

三、多举措并举加强政府支持力度

（一）在财政方面

一是推动设立传统制造业转型升级专项资金，支持传统制造业企业向高端化、智能化、绿色化、融合化等方向转型的项目。

二是围绕产品创新构建科技支持政策体系。构建财政资金、社会资本共同支持新兴产业发展的政策体系，以专项支持、采购牵引等方式，发挥财政资金的引导作用，适时退出，以市场化方式打造新兴产业竞争力。

三是引导银行或投资机构向传统产业企业有条件地提供转型资金，比如增加信用贷款投放、鼓励面向传统企业升级改造的中长期贷款、增加面向中小微企业的低息普惠小微贷款等。

（二）在人才建设方面

要深入推进产教结合，会同研究院所、行业组织协同推动传统制造业领域数字人才培养，加快建立多层次、体系化、高水平的复合型人才队伍。依托创新中心、实训基地等载体，打造产学研融合、区域协调联动和公益商业配合的人才培养模式。组织举办产业转型升级相关主题的宣贯推广活动，深化多方交流合作，提升企业数字化思维。鼓励企业创新激励机制，建立适应产业升级发展需求的人事制度、薪酬制度和评价机制，充分激发人力资本的创新潜能。

（三）在开放合作方面

一是引导内陆及边境地区承接产业转移。发挥好加工贸易梯度转移重点承接地等平台载体作用，落实好推动边（跨）境经济合作区高质量发展的若干措施，促进内陆及边（跨）境地区有序承接东部沿海发达地区产业转移，实现优势互补和产业升级。

二是深度参与全球产业分工合作。加强与共建"一带一路"国家产业合作，推动构筑安全稳定、畅通高效、开放包容、互利共赢的国际产业链供应链体系。

三是加强新兴领域国际合作。顺应数字智能、绿色低碳发展趋势，积极开拓数字经济、绿色发展等新领域投资合作。

（四）在发展环境方面

一是坚决摒弃将传统产业视为低端产业简单退出的错误观念和做法，深化"放管服"改革，完善"两高"管理制度，科学细化"两高"目录，避免对传统产业"一刀切"。

二是要预防过度竞争对战略性新兴产业发展带来的消极影响，有序规范战略性新兴产业发展，强化风险提示。

三是要以包容审慎监管助力战略性新兴产业培育壮大，提升技术服务和产业服务平台效能，加速技术攻关和科技成果转化。

结　语

　　制造业是立国之本、强国之基。我国高度重视制造业发展，强调指出，制造业是实体经济的基础，实体经济是我国发展的本钱，是构筑未来发展战略优势的重要支撑。实体经济要靠自己，制造业要靠自己。回顾过去，在党的坚强领导下，经过多年建设和发展，我国克服困难险阻、乘风破浪前行，成为世界第一制造业大国，建立起门类齐全、独立完整的现代化工业体系，为全面建成小康社会、实现第一个百年奋斗目标提供了有力支撑。展望未来，必须坚持和加强党的领导，坚定不移推动制造业高质量发展，着力保持制造业比重稳定，推动制造业智能化、高端化、绿色化，促进制造业与服务业融合发展，加快关键核心技术攻关，着力打造自主可控、安全可靠的产业链供应链，持续巩固和增强制造业竞争优势，加快建设制造强国、质量强国，为实现中华民族伟大复兴、实现第二个百年奋斗目标奠定更加坚实的物质基础。

参考文献

［1］操秀英. 2023 年我国制造业全球竞争力呈上升趋势［N］. 科技日报，2024-12-31（002）.

［2］张子鸣，苏秦，杨青云. 制造业新质生产力协同培育、演化与激励机制［J］. 系统管理学报，2024（6）：33.

［3］朱冰清. 制造业中小企业绿色供应链融资的银行策略与实践［J］. 国际商务财会，2024（24）：33-36.

［4］李鸿庆. 国家安全视阈下美国制造业回流政策评析［J］. 国家安全研究，2024（6）：50-68+159-160.

［5］陈旭，毛晴，刘成凤，翟纯. 数字化转型赋能制造业企业价值创造研究［J］. 中国商论，2024，33（24）：148-151.

［6］安宁. 制造业企业数字化转型有了"路线图"［N］. 中国改革报，2024-12-29（001）.

［7］郑宝红，倪培森，薛安琪. 大数据应用对制造业企业市场竞争力的影响研究［J］. 管理学报，2025（12）：10.

［8］易子榆. 数据要素渗透与制造业全球价值链重构［J］. 统计与决策，2024（24）：159-163.

［9］朵灏，王文跃，吴辉. 当前我国制造业质量大数据应用分析与策略建议［J］. 通信企业管理，2024（11）：25-28.

［10］王文跃，孙惠，陈鹏坤，董颖璇，卢海萌，齐佳. 制造业质量提升发展策略研究［J］. 中国电信业，2024（7）：20-22.

[11] 王晨，吴辉，王文跃. 制造业质量提升关键问题与发展策略 [J]. 通信企业管理，2022（12）：38-40.

[12] 工信部、国家发改委两部门部署建设新材料中试平台 [J]. 中国建材，2024（11）：26.

[13] 两部委提出到 2027 年建成包括高性能纤维等在内 300 个新材料中试平台 [J]. 高科技纤维与应用，2024，49（5）：89.

[14] 徐德清：建立健全创新产品中试的体制和平台 [EB/OL].（2024-06-25）[2025-01-03]. http://www.cppcc.people.com.cn/n/2014/0625/c34948-25199504.html.

[15] The Benefit of Pilot Programs to the Federal Government [EB/OL].（2021-01-22）[2025-01-03]. https//cdslegal.com/insights/insights-federal/the-benefit-of-pilot-programs-to-the-federal-government/.

[16] 创新不止于发明：德国产学研体系四大金刚详解 [EB/OL].（2020-11-21）[2025-01-03]. https://www.sohu.com/a/433333693_777213.

[17] Tes passes Samsung's foundry GPE equipment pilot test [EB/OL].（2020-01-20）[2025-01-03]. https://www.thelec.net/news/articleView.html?idxno=695.

[18] Samsung to setup pilot production lines at chip factories in Korea, USA [EB/OL].（2023-01-04）[2025-01-03]. https://www.sammobile.com/news/samsung-setup-pilot-production-lines-pyeongtaek-taylor-chip-factories/.

[19] 王丹卿，陈浩，张硕. 传统制造业供应链质量管理提升方法的研究：丰县新能源车辆及配件产业链质量提升实践 [J]. 质量与认证，2024（11）：76-79.

[20] 刘海莹，唐正源. 制造业企业质量管理研究评述与展望：基于 CiteSpace 6.2.R6 的可视化分析 [J]. 黑龙江科学，2024，15（17）：

1-6+11.

［21］马逍，金琴. 数字化赋能：制造业质量管理应用研究 ［J］. 中国标准化，2024（15）：280-283.

［22］程德斌，郑天池，邓洁玉. 长三角制造业质量管理数字化建设经验与发展路径研究 ［J］. 中国质量，2024（1）：106-110.